En busca del proposito

DESCUBRE POR QUÉ ERES IMPORTANTE PARA DIOS.

RAY LLARENA

Traducido al español por Iliana Garcia

Publicado por:

McDougal Publishing
P.O. Box 3595
Hagerstown, MD 21742-3595
www.mcdougalpublishing.com

ISBN 978-1-58158-204-8

Impreso por pedido en los EEUU y Inglaterra Para distribución mundial

Cuatro cosas son de las más
Pequeñas de la tierra,
Y las mismas son más sabias que
los sabios:
Las hormigas, pueblo no fuerte,
Y en el verano preparan su comida;
Los conejos, pueblo nada esforzado [1],
Y ponen su casa en la piedra;
Las langostas, que no tienen rey,
Y salen todas por cuadrillas;
La araña que atrapas con la mano,
Y está en palacios de rey.

Proverbios 30:24-28

[1] Aquí «nada esforzado» quiere decir «débil».

Dedicatoria

Dedico este libro a todos aquellos que se han sentido insignificantes y se han convencido de que nunca podrán conseguir nada de valor duradero en la vida y a aquellos que no se han dado cuenta de los dones que Dios les ha dado porque el diablo les ha mentido y les ha dicho que ellos nunca llegarán a ser nada en la vida.

Eres tan valioso para Dios que envió a Su hijo Jesucristo a morir por ti, Él desea hacerte parte de Su Iglesia y usarte para revelar Su gloria y majestad a todo el mundo.

Indice

INTRODUCCIÓN

Cuando Dios nos creó, nos capacitó para ser exactamente lo que Él deseaba que fuéramos. Cada uno de nosotros ha sido creado con un propósito, un plan y destino, y estos son magníficos.

Podemos ser lo que queremos ser, solamente si le permitimos a Dios que Él sea lo que quiere ser en nosotros. Cuando hayamos tomado esta decisión nada podrá detenernos en la vida; tendremos éxito en cualquier cosa que emprendamos.

Satanás trata de que fijemos nuestra atención en nuestras debilidades, nuestra falta de talentos o de habilidad en lugar de fijarla en nuestros puntos fuertes. Dios quiere que fijemos nuestra mirada en Él, en Su grandeza y en Su magnífico plan para nuestra vida. Si estamos dispuestos a hacer las cosas a Su manera, solo el cielo será el límite; nada nos será imposible de realizar. Esto ha sido una verdad en mi vida.

Nací en las Filipinas, y soy de origen humilde. Mientras crecía comprendí que Dios me había llamado al ministerio. En los años siguientes a esto, he podido servir a Dios de muchas maneras.

Al principio recorrí todo mi país haciendo cruzadas evangélisticas, promoviendo el avivamiento de las iglesias y dictando seminarios.

Inicié mi primera iglesia y la pastoreé con gran éxito por dos años. Después de haber servido como pastor asociado en la iglesia más grande de mi país (y la más grande en Asia en ese entonces), Dios nos llamó a mi esposa y a mí a ser misioneros en Guam.

Después de dos años muy fructíferos en Guam, el Señor abrió las puertas, el camino para que nos mudáramos a los Estados Unidos. Durante los primeros ocho años de nuestra estadía en este país, serví como pastor asistente en una iglesia de las Asambleas de Dios en San Francisco. La iglesia me daba libertad para viajar y ministrar en muchas partes del mundo además de tener el privilegio de ministrar a la gente de esa gran ciudad.

Luego fui llamado a pastorear una iglesia en Cheboygan, Michigan. Esto fue un cambio sorprendente ya que los únicos asiáticos de esa comunidad eran un doctor chino y su familia, y una mujer filipina casada con un militar estadounidense. La mayoría de pastores inmigrantes sirven a su propia gente, pero Dios nos llamó a pastorear a una congregación totalmente caucásica. Teníamos la certeza de que si Dios nos había llamado a nosotros, Él nos daría la gracia para cumplir Su voluntad y así lo hizo durante tres y medio maravillosos años.

Todo salió bien en Cheboygan, la gente de la iglesia nos compró una hermosa casa y pudimos adquirir buenos muebles y un buen automóvil; vivíamos muy confortablemente.

Después de haber estado en Cheboygan por varios años, Dios habló a nuestro corazón para que volviéramos a Filipinas. Le obedecimos y regresamos a nuestro país en 1984.

Sentíamos que si el Señor nos pedía hacer un cambio tan drástico, debía ser por un gran propósito que comprendimos claramente después de poco tiempo. Dios hizo grandes milagros entre nosotros: actualmente hay 35 iglesias y más de 100 ministerios que trabajan con nosotros a lo largo y ancho de Filipinas. En Manila, capital de las Filipinas, construimos una iglesia hermosa y una escuela cristiana que educa a niños desde pre-primaria hasta el décimo segundo grado de secundaria. Este hermoso edificio, un gran salto de fe en un país tan pobre, es un monumento a la grandeza de Dios y constituye un desafío para todos.

Mientras vivía en Filipinas también ministré en Hong Kong, China y Vietnam.

Después de doce años de ministerio en Filipinas, todo marchaba muy bien, pero en la primavera de 1996, Dios me llamó a volver a los Estados Unidos a pastorear la Iglesia Tabernáculo de Fe en Chicago, Illinois. Esta tampoco era una congregación de filipinos, pero estaba constituida por gente de más de cuarenta nacionalidades. Tenía una membresía de aproximadamente cuatro mil personas y ofrecía cuatro servicios dominicales para que todos pudieran asistir. A pesar de lo mucho que me costaba dejar mi amado país y el avivamiento que estábamos experimentando, sabía que ésta era la voluntad de Dios para mí. Aunque vuelvo a ministrar en Filipinas varias veces al año y que hago trabajo misionero en muchas otras naciones, Chicago se ha convertido en mi hogar.

Puedes, entonces, darte cuenta de porqué digo que Dios puede tomar a gente aparentemente insignificante y usarla para Su gloria. He vivido este mensaje y, por lo tanto, puedo presentártelo con gran convicción y autoridad.

Con Dios no hay criaturas insignificantes, tú eres importante para Dios.

Abre tu corazón mientras analizamos Sus enseñanzas en esta área de la autoestima y del destino individual. Deja que Dios siembre en tu espíritu las semillas de grandeza que te sacarán de tu estado actual de crecimiento espiritual y te impulsarán hacia la grandeza de Dios.

Pastor Ray Llarena
Chicago, Illinois

Las pequeñas criaturas de Dios

1

PEQUEÑOS, PERO SABIOS

Cuatro cosas son de las más pequeñas de la tierra,
y las mismas son más sabias que los sabios: las hor-
migas, pueblo no fuerte, y en el verano preparan su
comida; los conejos, pueblo nada esforzado[1], y ponen
su casa en la piedra; las langostas, que no tienen rey,
y salen todas por cuadrillas; la araña que atrapas
con la mano, y está en palacios de rey.

Proverbios 30:24-28

La Biblia presenta a estas cuatro pequeñas criaturas como seres extremadamente sabios. Ninguno de estos animales es fuerte, sin embargo, son un ejemplo para nosotros, se destacan por su sagacidad y cada una es sabia a su manera. Aunque al hombre le parezcan insignificantes, no lo son para Dios, y a pesar de su tamaño, su valía no es menor que la de cualquier criatura.

Sin embargo, en esta cita, Dios no está predicando a hormigas ni a arañas, nos está mostrando Su gran propósito para nuestra vida. Si creemos en lo que Él nos dice, no hay miembros insignificantes en la Iglesia, cada uno tiene gran valía a los ojos de Dios.

Sin importar lo que los demás piensen, cada miembro del cuerpo de Cristo tiene un sitio en el programa de Dios y cada uno, en el Día del Juicio, responderá ante Dios por las cosas que Él le hubiere encomendado.

¿Qué animal es más pequeño y menos importante que la hormiga? Si te encontraras con un león, lo más seguro es que correrías presa del miedo, pero una hormiga, de seguro, no te preocupará. Si no la quieres cerca simplemente la aplastas, pues no te puede devolver el golpe. Aún si te mordiera, esto generalmente no representaría más que una molestia momentánea. La hormiga es una criatura insignificante.

¿Te has sentido alguna vez insignificante? Tal vez sientes que no puedes hacer nada. Tal vez has llegado al punto en que dices: «De veras quiero servir al Señor pero no tengo talentos, ni habilidades. Si solamente pudiera ser como ese hermano… Si tan sólo pudiera tener el talento de esa hermana podría ser más útil en el reino de Dios». Entonces te desanimas al pensar que no eres lo que deberías ser.

Sin embargo, piensa un poco al respecto, ¿Si todo el mundo fuera músico, quién predicaría? ¿Si todos fueran evangelistas, quién cuidaría a los enfermos? Dios creó a cada uno de manera única; nos hizo con propósitos, ambiciones y planes diferentes que cumplir.

Juntos formamos el cuerpo de Cristo y sólo llevamos a cabo el deseo de Dios, Su plan, propósito y voluntad en la tierra, cuando cada miembro cumple con Su propósito y llamado en unidad con los demás miembros del Cuerpo de Cristo.

¿Ha tratado alguien de desanimarte? Te han dicho: «Mejor sería si te dieras por vencido, y lo dejaras; nunca harás nada importante, no tienes talento ni energía para contribuir en la obra de Dios. No tienes nada que hacer en el Reino de Dios». No es raro que hayas oído este tipo de comentarios, ya que Satanás está listo para desilusionarnos en cada oportunidad que se le presenta. Él quiere que creamos que no importamos, que no somos nada y que no podemos hacer nada en el Reino.

Sin embargo, ésta es la mentira más grande que puedas creer; y lo trágico es que, hoy en día, en las iglesias hay muchas personas que la aceptan. Se sientan en la iglesia domingo tras domingo, reunión tras reunión, pero no avanzan en el Reino de Dios y no contribuyen a Sus propósitos.

Pero, ¿por qué no lo hacen? Porque creen en las mentiras del enemigo. Creen que son insignificantes, que no son nada, que no hay nada que ellos puedan hacer y que no tienen talentos o habilidades. Creen que no tienen don alguno que entregar al Reino. ¡Pero están equivocados!

¡No aceptes esa mentira! No te dejes convencer de que no vales nada, Satanás quiere robarte tu futuro y evitar que tomes parte en la obra de Dios. El Diablo no quiere que creas que tienes un gran futuro en Dios. ¡Es un mentiroso!

Si Satanás puede convencerte de que eres inservible, no te prepararás para el futuro y para las grandes cosas que Dios está por hacer. Si Satanás logra convencerte de que no puedes hacer nada, no tomarás parte en lo que Dios está haciendo, ni tampoco obedecerás la voz del Señor cuando te llame al ministerio.

En lugar de prestarles atención a esas mentiras, reconoce que eres importante en Dios; El te creó con un propósito, con una razón, un plan y un destino que cumplir. Puede que te consideres insignificante, y que a los ojos de los demás lo seas, incluso algunos miembros de tu familia pueden pensar que nunca valdrás gran cosa, pero Dios no creó basura: El te creó como un ser único y te ha dotado de dones específicos, talentos y habilidades que necesitarás para realizar el trabajo que te ha llamado a hacer. Ten la certeza de que eres especial e importante para Dios. Créelo, recíbelo y compórtate como si lo creyeras, porque es cierto; eres la niña de Sus ojos.

En realidad no siempre somos lo que aparentamos: se puede parecer insignificante a pesar de ser muy sabio, débil aun siendo fuerte; podemos aparentar no tener nada aun teniéndolo todo, ser ignorantes pero estar llenos de la sabiduría divina. Es posible parecer feo a los ojos de los hombres y, aún así, poseer una belleza inusual.

Aquellas cosas que nos parecen insignificantes son importantes para Dios. Estos cuatro animales son ciertamente *«de los más pequeños de la tierra»* y, aún así, Dios mismo declara que son *«más sabios que los sabios».*

¿Alguna vez has mirado a alguien con desprecio y pensado que no era muy importante? ¿Te has menospreciado a ti mismo? Dios no hace esto. Él nos creó a cada uno de nosotros, y a Sus ojos todos somos importantes. Todos tenemos una parte en el Reino de Dios y en la expresión de Su plan para la humanidad, a través de las edades.

Es tiempo de que cada uno de nosotros se apropie de las promesas de Dios, Es tiempo de aclarar nuestra visión y de encontrar aquello para lo que Dios nos ha creado. Es tiempo de que la iglesia empiece a apropiarse de su destino. Pablo les escribió lo siguiente a los Efesios:

Porque somos hechura suya, creados en Cristo Jesús
para buenas obras, las cuales Dios preparó de ante-
mano para que anduviésemos en ellas.

Efesios 2:10

Dios ya ha «*preparado*» las «*buenas obras*» que quiere que hagas; Él tiene un plan para tu vida, todo está preparado y listo. Todo lo que necesitas es que Él te revele lo que tiene preparado para ti. Cuando te apropies del plan de Dios para tu vida y empieces a envisionar todo lo que Él tiene preparado para ti, nunca más estarás satisfecho con quedarte en tu nivel actual de crecimiento espiritual; en lugar de esto, lucharás por obtener cosas aún más grandes.

Debemos tener cuidado de no mirar a otros con desprecio sino verlos como lo que son en Cristo. Debemos tratar de ver a Cristo y Su vida resplandeciendo a través de ellos. Es nuestro deber alentar y avivar la vida de Cristo en los demás; sólo entonces podremos evaluar a los demás de manera apropiada, honrarlos y amarlos como Cristo ordenó.

Para muchos de nosotros resulta mucho más difícil el evaluarnos a nosotros mismos con propiedad. A veces, cuando me levanto en la mañana y me miro al espejo, me agrada lo que veo, sin embargo, hay ocasiones en las que me disgusta mi imagen.

Una mañana, estaba atrasado y no quería llegar tarde a la oficina, cuando fui al baño no me gustó lo que vi en el espejo: tenía el cabello todo revuelto y como me estoy quedando calvo, mi apariencia dejaba mucho que desear. Suspiré y dije: «¡Señor, esto no está bien!» Tenía que hacer algo con mi cabello antes de salir de casa.

Sin embargo, apenas había pronunciado estas palabras pude oír al Señor respondiéndome: «Te hice tal y como eres; siéntete feliz y acéptate porque así te formé».

Mientras meditaba en esto, continuó diciéndome: «Te creé para Mi gloria y no para la tuya».

¿No es maravilloso? Dios nos creó según Su voluntad, nos diseñó y planeó nuestra creación para Su gloria. Además, nos redimió y nos lavó con Su sangre y ha escrito nuestro nombre en el libro de la vida del Cordero de Dios. Dios ha transformado nuestra naturaleza y hemos pasado de muerte a vida; el poder del pecado se ha roto y hemos sido liberados. Estamos en camino al cielo para la gloria de Dios y para que nuestra vida lo alabe y glorifique.

Es justo entonces que los veinticuatro ancianos canten delante del trono:

> *Señor, digno eres de recibir la gloria y la honra y el poder; porque tú creaste todas las cosas y por tu voluntad existen y fueron creadas.*
>
> Apocalipsis 4:11

Hubo algo más que el Espíritu me dijo esa mañana: «Cuando te creé no me equivoqué; te hice como eres a propósito». Dios es el arquitecto más sabio, el diseñador más grande; Él diseña nuestra vida para que sea lo que debería ser.

Si somos sabios buscaremos los propósitos de Dios para nuestra existencia y participaremos en el Reino de Dios al permitirle usarnos de acuerdo a Su plan. Además, empezaremos a darnos cuenta de que Él ha creado cada faceta nuestra y no solo las partes que nos agradan de nosotros mismos.

Sin embargo, a veces hay problemas: tal vez no estemos en forma o nos falte la destreza necesaria para usar los talentos artísticos con los que el Señor nos ha bendecido. Así que debemos cuidar nuestro cuerpo, entrenar nuestro intelecto y perfeccionar nuestros talentos. Pero es el Señor quien nos creó para Su gloria.

David cantó:

> *Reconoced que Jehová es Dios; Él nos hizo, y no nosotros a nosotros mismos; pueblo suyo somos, y ovejas de su prado.*   Salmo 100:3

No dejes que el diablo te minimice y no te minimices a ti mismo. No critiques la obra de Dios.

> *¡Hay del que pleitea con su Hacedor!*
> *¡El tiesto con los tiestos de la tierra!*
> *¿Dirá el barro al que lo labra:*
> *¿Qué haces? ; o tu obra: ¿No tiene manos?*
>   Isaías 45:9

Cuando disminuimos al quejarnos de nuestra apariencia, defectos y nuestra consciente incapacidad, nos comportamos como la vasija de barro que critica al hacedor. Quejarse ante Dios, quien nos formó, resulta tan ridículo como que el cántaro de barro se queje al alfarero por cómo lo formó.

Tal vez a los ojos del mundo seamos insignificantes, inclusive muchos pueden considerarnos personas sin valor, para el diablo ciertamente tenemos muy poco valor, pero para Dios, somos de gran valor y dignos de toda atención.

¿Te has sentido alguna vez como una hormiga, ínfimo, sin importancia, demasiado pequeño para tener trascendencia? Mucha gente se siente así. Estas personas dicen cosas como: «Estaría dispuesto a dar mi tiempo, pero ¿qué de bueno podría hacer yo? Sé que nunca podré hacer la diferencia. Sé que mi presencia nunca será determinante». O tal vez, te has sentido como un conejo, tímido y listo para correr al menor signo de dificultad.

Es cierto que no somos más que humanos y que podemos sentirnos como hormigas, o como conejos, pero Dios dice que estas criaturas son *«más sabias que los sabios»*.

La hormiga, el conejo, la langosta y la araña son débiles. Una langosta sola poco puede hacer, debe estar acompañada de muchas más para poder ser de impacto en el mundo; las arañas son frágiles y vulnerables. Cada una de estas criaturas es débil, pero parece que está demasiado ocupada con su vida como para darse cuenta de ello.

¿Has visto alguna hormiga que diga: «Estoy muy estresada para salir a buscar comida hoy. Creo que me quedaré en casa?» ¿Acaso las arañas se consideran demasiado frágiles para atrapar insectos? Nunca he visto a un conejo tan preocupado por su físico que vaya constantemente al gimnasio a trabajar sus músculos para después poder jactarse de ellos. Nunca he visto a la langosta ejercitándose constantemente, trotando a un lado del camino para impresionar a cuantos pasen. Estas criaturas no son fuertes, pero tampoco las han consumido sus debilidades.

El primer paso para obtener éxito y felicidad en Dios es reconocer y aceptar nuestras limitaciones y debilidades y mientras no lo hagamos no seremos felices. Hay tanta gente que se esfuerza por esconder sus limitaciones y por aparentar que es fuerte cuando en realidad todo en su interior se desmorona. Debes enfrentar la realidad, mientras finjas ser fuerte, nunca buscarás ayuda fuera de ti. Por lo general, esperamos hasta que es demasiado tarde para pedir ayuda. Por difícil que pueda parecer, necesitamos reconocer nuestras propias limitaciones.

Estos cuatro animales ciertamente son débiles, pero también son sabios. ¿Cómo puede ser esto posible? La respuesta es que ellos reconocen sus limitaciones. Por ejemplo, las hormigas se llevan únicamente las migas y nunca se las verá tratando de llevarse la canasta completa de la comida campestre.

Cuando reconocemos nuestras limitaciones somos libres para mirar a Dios. El no tiene ningún tipo de limitaciones; tu también te convertirás en un ser de capacidades ilimitadas cuando le entregues tu vida pues, el Dios omnipotente morará dentro de ti. El se convierte en tu fuerza, Su gracia es suficiente para ti, además, Él «*es poderoso para hacer todas las cosas mucho más abundantemente de lo que pedimos o entendemos*».

El apóstol Pablo escribió a la iglesia de Corinto:

> *Y me ha dicho: Bástate mi gracia; porque mi poder se perfecciona en la debilidad. Por tanto, de buena gana me gloriaré más bien en mis debilidades, para que repose sobre mí el poder de Cristo.*
>
> 2 Corintios 12:9

Que mejor razón para admitir nuestras debilidades que ser las vasijas que reflejen Su fuerza. Tenemos que tomarle la palabra a Dios: si Él dice que somos débiles, está en lo cierto y si dice que Su poder reposa en nuestras debilidades, pues debemos estar persuadidos de que esto es verdad.

El momento en que le crees a Dios, recibes Su palabra y empiezas a seguir por el camino que Él te muestra; dejas el terreno de lo físico y cruzas al terreno de lo sobrenatural. Abandonas el terreno de lo carnal y te introduces en el terreno de lo espiritual, sales de ti mismo y entras en Él.

Cuando admitas tus debilidades y confíes en Él, quien es tu fortaleza, verás las cosas de diferente manera, no volverás a mirar las situaciones a la luz de lo natural, en su lugar, las verás con los ojos del espíritu. Te verás victorioso, no derrotado, te sabrás rico y no pobre, bendecido y no maldito, feliz y no desesperado.

Al vivir nuestra vida fingiéndonos fuertes en y por nosotros mismos y aparentando que no necesitamos ayuda contradecimos las Escrituras que afirman que el hombre es débil. Cuando vivimos una mentira y sabemos la verdad somos hipócritas y la hipocresía no es aceptable ante Dios. Este tipo de hipocresía resultó ser la responsable de la caída de Sansón.

Sansón, era un nazareo de nacimiento, destinado a ser el libertador de Israel. Las señales de su voto eran que nunca se había cortado el cabello o tomado vino. Él usó la legendaria fuerza que Dios le había dado para pelear en contra de los filisteos, los enemigos de Israel. Desdichadamente, a pesar de ser bastante fuerte físicamente, Sansón tenía un carácter débil.

Sansón derrotó a los filisteos en varias ocasiones, sin embargo, amaba a una mujer filistea. Vez tras vez, Dalila le pidió que le revelara la fuente de su fuerza y con el paso del tiempo Sansón dejó que su decisión de no revelar su secreto se fuera debilitando. Sansón había estado apoyándose únicamente en su propia fuerza y no en el Espíritu del Señor, por lo que finalmente, le contó a Dalila sobre su juramento nazareo.

> *Y le dijo: ¡Sansón, los filisteos sobre ti! Y luego que despertó él de su sueño, se dijo: Esta vez saldré como las otras y me escaparé. Pero él no sabía que Jehová ya se había apartado de él.*   Jueces 16:20

Todas «*las otras*» veces Sansón había engañado a Dalila. Ella había hecho las cosas que él le había dicho que acabarían con su fuerza, pero nada había pasado. En esta ocasión le había dicho la verdad y ella le cortó el cabello mientras dormía, entonces «*Jehová ya se había apartado de él*». La fuerza de Sansón no pudo salvarlo, tampoco pudieron hacerlo sus hazañas anteriores, o el poder del que había hecho gala, o aún la unción en la que había caminado. Sansón tuvo que aprender que sin el Señor no era nada.

¿Has estado apoyándote en las palabras que el Señor te dijo en ocasiones pasadas? Tal vez has estado tratando de sacar fuerzas de las mismas experiencias, canciones y palabras proféticas que una vez te dieron vida y poder y que ahora por alguna razón parecen no funcionar. Hay una razón para todo esto: las victorias pasadas pueden animarnos a pelear las batallas de hoy, pero no podemos confiar en que esas victorias nos capaciten para enfrentar el presente. No podemos poner nuestras esperanzas en la gloria o en los milagros pasados que el Señor ha hecho en nuestra vida. Si lo hacemos empezaremos a creer que somos fuertes en nosotros mismos y este fue el error que le costó a Sansón la vista, la libertad, y que a la larga, le costó la vida.

Afortunadamente la historia de Sansón no termina con la traición de Dalila; Sansón no fue condenado a una existencia insignificante, no fue un prisionero dejado de lado y olvidado en algún calabozo. De hecho, sí permaneció un tiempo en prisión, pero mientras estuvo allí meditando en lo que había sido su vida, algo empezó a cambiar en su interior.

Al recordar sus victorias pasadas y los veinte años que había juzgado a Israel, reconoció que todo esto había sido obra de Dios y no suya. Se arrepintió por haberle fallado a Dios y su fe empezó nuevamente a crecer. Empezó a sentir que Dios aún no había terminado Su obra en él, se apropió de un nuevo sentido del destino. No sabemos exactamente en que estaba pensando en aquella prisión, pero es claro que su cabello al igual que su fuerza comenzaron a crecer nuevamente.

Un día, cuando Sansón fue llamado para entretener a los filisteos en una fiesta, le pidió al joven que lo guiaba de la mano que le permitiera apoyarse sobre las columnas en las que descansaba la casa. Entonces Dios lo usó nuevamente:

> *Entonces clamó Sansón a Jehová, y dijo: Señor Jehová, acuérdate ahora de mí, y fortaléceme, te*

ruego, solamente esta vez, oh Dios, para que de una vez tome venganza de los filisteos por mis dos ojos. Asió luego Sansón las dos columnas de en medio, sobre las que descansaba la casa, y echó todo su peso sobre ellas, su mano derecha sobre una y su mano izquierda sobre la otra. Y dijo Sansón: Muera yo con los filisteos. Entonces se inclinó con toda su fuerza, y cayó la casa sobre los principales, y sobre todo el pueblo que estaba en ella. Y los que mató al morir fueron muchos más que los que había matado durante su vida.

Jueces 16:28-30

Finalmente, Sansón había entendido que su fuerza no provenía de sí mismo; se dio cuenta que debía invocar a su Dios para que así el Señor pudiera mostrar Su fuerza en su debilidad. Al fin, Sansón había adquirido la sabiduría de una hormiga.

El arrepentimiento es un camino sabio. No permitas que tus fallas y debilidades te mantengan alejado del Señor y de recibir Su gracia. Cuando te vuelvas a Él, verás que El te espera ansioso con los brazos abiertos.

No tengas miedo de reconocer y admitir tu debilidad. Cuando la reconoces, Dios puede perfeccionar Su fuerza en ti. Nunca aprenderás a tomar la fuerza de Dios a menos que reconozcas que necesitas de Su ayuda. No buscarás la ayuda de Dios hasta que tomes conciencia de que necesitas de Su ayuda desesperadamente. La hormiga bien puede ser una criatura débil pero tiene algunas cosas que enseñarnos.

También nosotros podemos alcanzar sabiduría:

El principio de la sabiduría es el temor de Jehová; los insensatos desprecian la sabiduría y la enseñanza.

Proverbios 1:7

Frecuentemente oímos la frase: *«El temor de Jehová»*, pero ¿cuál es su significado? El Temor de Jehová es el comprender que Dios no tiene límites y no puede ser controlado, es conocer que Él es un Dios temible y que en Sus manos están contenidas todas las cosas, todas las circunstancias y situaciones; es, además, empezar a entender el hecho de que el hombre no es tan grandioso como le gustaría creer.

Dios lo es todo, nosotros no somos nada; sobrevivimos debido a Su misericordia y gracia.

Ser sabio es, en parte, tener conciencia de nuestras limitaciones y capacidades. Debemos ser como las pequeñas criaturas de Proverbios 30, quienes luchan por hacer lo que está a su alcance, pero que también conocen sus limitaciones.

Tenemos que confiar en el Señor y no en nuestras propias habilidades.

Así dijo Jehová: no se alabe el sabio en su sabiduría, ni en su valentía se alabe el valiente, ni el rico se alabe en sus riquezas. Mas alábese en esto el que se hubiere de alabar: en entenderme y conocerme que yo soy Jehová, que hago misericordia, juicio y justicia en la tierra; porque estas cosas quiero, dice Jehová.

Jeremías 9:23-24

Seamos aquellos que se *«glorían en el Señor»*. ¡Gloriémonos en conocerlo a Él! Fuimos concebidos para vivir bajo Su dirección. Él es el director de la orquesta y sólo Él puede dirigir nuestra vida de manera perfecta. Él puede extraer la música de cada uno de nosotros a fin de que ésta pueda mezclarse y armonizar con otras músicas, para honra y gloria de Su nombre; sólo entonces nuestra vida puede exaltar al Señor.

Sin embargo, debemos ser honestos con nosotros mismos, no podemos tocar la parte de la trompeta si somos flautas; no podemos siempre tocar la melodía ya que algunas veces debemos tocar la armonía. Debemos aprender a reconocer cual es nuestra parte y perfeccionarla ya que el Señor podría llamarnos a tocar en cualquier momento y debemos estar listos para Él.

Así que, seamos sabios: reconozcamos nuestras limitaciones así como nuestras habilidades y aprendamos a depender del Señor. Admite tu debilidad para que puedas considerar a Dios como tu Proveedor y tu Fortaleza.

2

EN BUSCA DE PROPÓSITO

Estando persuadidos de esto, que el que comenzó en
vosotros la buena obra, la perfeccionará hasta el día
de Jesucristo.   Filipenses 1:6

Hemos sido creados por un Dios amoroso a quien le importa cada uno de Sus hijos y que nos ha dado un destino y un propósito. Él nos ha llamado a extender Su Reino, nos prepara y nos da dones para cumplir con tareas específicas en este sentido. Cada uno de nosotros es importante y contribuye a lograr la meta de cumplir Su propósito en la tierra. No siempre entendí estas verdades y no siempre he podido apropiarme de ellas.

Cuando joven, era muy callado y tímido. Esto sorprende a quienes me conocen hoy en día. No tenía autoestima y no creía que mis palabras y opiniones le importaran a nadie, así que me las guardaba. A pesar de esto siempre guardé en mi corazón el sueño de servir al Señor.

Asistí a la escuela Bíblica en Filipinas. A diferencia de la mayoría de los estudiantes, que habían terminado la escuela secundaria y de algunos que tenían algo de experiencia en estudios universitarios, mi nivel de estudios alcanzaba el noveno grado de escuela secundaria en la escala estadounidense. Era el más pequeño y flaco de los estudiantes de la clase y un introvertido que siempre se sentaba solo al fondo del salón.

Cuando había debates y discusiones de clase me escondía porque la sola idea de tener que hablar frente a los demás estudiantes me atemorizaba. Nunca siquiera oré en voz alta frente a ellos.

Mis compañeros hacían sus tareas tan brillantemente y eran tan elocuentes en su manera de hablar que yo me sentía tan pequeño como una hormiga entre ellos. ¡Yo no era nada! Sentía que no tenía nada que decir o dar. Al ver como avanzaban mis compañeros me sentía muy desanimado. Satanás me atormentaba con la idea de que estaba desperdiciando mi tiempo y de que nunca sería capaz de predicar el Evangelio. Esa era mi manera de ser y estaba seguro de que nunca cambiaría.

El diablo me decía: «Sería mejor si volvieras a casa, de vuelta a la provincia de donde viniste. Sería mucho mejor si lo abandonaras todo. ¡Nunca lo conseguirás! Nunca podrás predicar frente a un grupo de personas».

En ese entonces no me daba cuenta de que estaba prestándole atención a las mentiras del enemigo, parecía tan solo sentido común. A medida que escuchaba sus palabras, el diablo me convenció de que no era nada. Pero a pesar de esto, en mi corazón yo sabía que había sido llamado y escogido por Dios; sabía que Dios era más grande que yo y que sus recursos eran ilimitados. Sabía que el Señor tenía un propósito para que yo estuviera en la escuela bíblica, así que continué luchando con la esperanza de que algo cambiaría.

Los profesores en la escuela bíblica tampoco creían que pudiera hacer gran cosa y que nunca sería nada ni nadie en el Reino de Dios. Esto creó un problema: debido a que no podía pagar mis estudios en su totalidad, recibía un subsidio de la escuela. Sin embargo, como buenos administradores, ellos se preguntaban si yo debía seguir estudiando, pues había otros a los que se les estaba negando el privilegio de entrar a estudiar en mi lugar. ¿Por qué debía la escuela seguir costeando mis gastos si yo no era capaz de sacar ningún provecho de ella?

Por fin se llamó a una reunión del cuerpo de profesores para decidir mi suerte. El consenso parecía ser que yo debía irme a casa.

Eso era exactamente lo que el diablo quería: él quiere que nos demos por vencidos, que nos vayamos a casa y que abandonemos cualquier sueño que podamos haber tenido de servir a Dios. El diablo hará cualquier cosa por sacarnos del lugar en donde podamos empezar a comprender y llevar a cabo la voluntad del Señor en nuestra vida; incluso nos pagará el pasaje de regreso.

¡Me sentí tan desanimado mientras los profesores discutían abiertamente acerca de las razones por las que era mejor que yo volviera a casa! Llegó un momento en que casi empaqué mis cosas para irme, aún antes de que ellos hubieran terminado la reunión. Gracias a Dios no lo hice porque casi cerca de la media noche una profesora habló a mi favor. Ella no creía que fuera aún el momento de enviarme a casa y sentía que Dios tenía algo planeado para mi vida. «¿Quiénes somos nosotros», preguntó, «para determinar lo que Dios puede lograr en una vida? «

¡Ella tenía razón! ¿Quiénes somos tu y yo para saber lo que Dios hará en la vida de una persona? Sólo Dios puede decidir el cómo llevará a cabo Su voluntad en nuestra vida, y lo hará para Su gloria. Nada puede impedir el propósito de Dios en tu vida … excepto tu mismo. Si te entregas al Señor, rindes tu vida a Él y le permites obrar en tu vida, podrás ser lo que Dios quiere que seas. A la par que le permitimos a Dios ser lo que Él quiere en nosotros, Él mismo nos capacita para ser lo que queremos ser. Tenemos la siguiente promesa:

> *Porque mayor es el que está en vosotros, que el que está en el mundo.*   1 Juan 4:4

Sólo Dios conoce el verdadero potencial de una persona y Él *«es poderoso para hacer todas las cosas mucho más abundantemente de lo que pedimos o entendemos»*:

> *Y a Aquel que es poderoso para hacer todas las cosas mucho más abundantemente de lo que pedimos o entendemos, según el poder que actúa en nosotros.*
> Efesios 3:20

Casi fui enviado a casa pero gracias a la sabiduría de aquella maestra que habló a mi favor, no lo fui. Esa noche después de la reunión de profesores fui a mi cuarto, me miré al espejo y me dije: «Los profesores tienen razón, realmente no soy nada». Sin embargo, muy dentro de mí seguía creyendo que Dios me había llamado, que Él tenía un plan y un propósito para mi vida; sabía que en Él había un destino para mí.

Debido a esta certeza oré: «Señor, no voy a volver a casa, el único lugar al que iré para volver a casa será al cielo. Aún no es tiempo para que yo vaya a tu presencia, así que me quedo, Señor; no importa lo que pase». De pronto Dios me llenó con Su Espíritu y empecé a hablar en lenguas. Cuando el Espíritu de Dios me bautizó, también liberó mi lengua; después de ese día empecé a hablar en público.

En los días y semanas siguientes el Señor me llenó de valor y empecé a mirar a la gente de frente y con confianza. Empecé a hacer lo que el Señor me indicaba, empecé a participar en clase, mis frases eran cortas pero repetía lo que el Señor me decía; todos estaban muy sorprendidos. En lugar de sentarme al fondo del salón comencé a sentarme en las primeras filas. Decidí que iba a ser lo que Dios quería que fuera y me propuse cumplir el plan de Dios en mi vida.

¿Cómo es que todo esto pasó tan de repente? Cuando Dios me tocó y me llenó con Su Espíritu, Él le dio un giro a mi vida para que yo pudiera empezar a verme como Él me veía. Por primera vez, me vi como alguien importante en Dios; después de todo, si yo no hubiera sido importante para Él, Él no me habría creado. Empecé, entonces, a abandonar la actitud de derrota y mi baja autoestima y le permití a Dios que me hiciera lo que Él quería que fuera.

Decidí firmemente permitirle al Señor obrar en mi vida y perfeccionarme como sólo él sabría hacerlo. Decidí no impedir la obra del Señor, sino permitirle a Dios hacer Su voluntad. Estaba dispuesto a ser lo que Él quería que yo fuera.

En otras palabras, corregí mi actitud. Entonces, Él me preparó y me perfeccionó para que yo fuera pastor de Su pueblo. Ya nadie podía hacerme callar y nada me asustaba; sabía que era un hijo de Dios y que por lo tanto era importante para Él.

Nadie es insignificante o carece de importancia a los ojos de Dios. Todos tenemos un lugar en la economía de Dios; tú eres parte de Su programa y de Su voluntad eterna.

El diablo me mintió, me dijo que no tenía valor alguno, que era un fracaso pero la gracia de Dios es más que suficiente para nosotros. El poder de Dios es mayor que el poder del enemigo. Satanás es un mentiroso y es el padre de toda mentira; lo que me dijo era mentira pues yo, el mismo que no podía decir una sola palabra en clase, hice de traductor para el gran evangelista Reinhard Bonnke, frente a 170 mil personas.

Su Palabra es verdad:

Todo lo puedo en Cristo que me fortalece.
Filipenses 4:13

¿Qué era entonces lo que me detenía? El miedo: miedo al fracaso, miedo al ridículo, miedo a no ser tan bueno como los demás estudiantes. Era, en suma, la falta de confianza…en Dios y en mí mismo.

Miedo, incapacidad, ¡qué palabras tan terribles!, tanto como: falta de estudios, falta de dinero, falta de oportunidades, falta de habilidad, falta de fuerza; todas estas son frases que usamos para describir las tragedias actuales. Pero ninguna de estas carencias es necesariamente un obstáculo para aquellos de nosotros que conocemos a Dios. No necesitamos todas estas cosas para hacer algo grande, sólo necesitamos a Dios.

¿Te falta capacidad en alguna área? Si es así, estás en buena compañía ya que a todos, de una u otra forma, nos falta algo. Algunas de nuestras carencias son reales, mientras que otras son simplemente mentiras del enemigo. El Diablo trata de desanimarnos y quiere que fijemos nuestra atención en aquello que nos falta; además, quiere que estas carencias se magnifiquen en nuestro espíritu para que creamos que no podemos servir a Dios debido a aquello que todavía nos falta. El diablo quiere que nos desilusionemos y que creamos que no tenemos valía. Su meta es hacernos perder el sentido del propósito que Dios tiene para cada uno de nosotros.

Esta es una estrategia común que nuestro enemigo utiliza. El resultado es que si crees que no vales nada, no protegerás tu vida y tu futuro y nunca harás lo que Dios tiene preparado para ti; tampoco te prepararás para servir o ministrar a otros ya que no habrá razón para hacerlo. Si no tienes conciencia de lo que el Señor quiere hacer en tu vida, te sentirás satisfecho de vivir con muy poco. Te dirás: «Nací así y moriré así y no hay ninguna razón para tratar de hacer nada en el Reino de Dios». ¡Qué vida tan digna de compasión sería ésta!

¡Deja de escuchar las mentiras del enemigo! Decídete a tener más de Dios. Empieza a verte como el Señor te ve, levántate y sé todo lo que Él quiere que seas. Empieza a vivir como el Señor quiere que lo hagas. Eres un hijo de Dios, empieza a comportarte, a hablar, a vivir y a pensar como tal. A los ojos de Dios eres importante y puedes hacer impacto en tu generación y en la vida de otros, para el Reino de Dios.

Debemos aprender a vivir abundantemente para el Señor. Pídele a Dios que te muestre cualquier área en tu vida en la que El no sea verdaderamente el Señor.

Cuando Él te muestre cualquier cosa que no le agrada, entrégasela a Él para que puedas hacer algo significativo y hermoso en tu vida. Una vida que está totalmente bajo la dirección de Dios, que se vive en Dios, tiene propósito y produce satisfacción.

No es de extrañar que quienes nos rodean se opongan a nosotros cuando empezamos a buscar el propósito y el verdadero significado de nuestra vida pues Satanás ataca a quienes empiezan a descubrir su destino en Dios y generalmente lo hace a través de otras personas. Nuestros amigos pueden creer que actúan en nuestro beneficio, nuestra familia puede pensar que sólo está tratando de protegernos para que no resultemos heridos; pero cuando traten de desanimarte, no los escuches, sino que mira al Señor. Pon tus ojos en Él, sintoniza tu corazón para oír Su voz y acércate más y más a Su presencia como Pablo aconsejó a los creyentes en Filipos:

> *Hermanos, no digo que yo mismo ya lo haya alcanzado; lo que sí hago es olvidarme de lo que queda atrás y esforzarme por alcanzar lo que está delante, para llegar a la meta y ganar el premio que Dios nos llama a recibir por medio de Cristo Jesús. Todos los que ya poseemos una fe madura, debemos pensar de esta manera. Si en alguna cosa ustedes piensan de otro modo, Dios les hará ver esto también.*
> Filipenses 3: 13-15 (versión Dios Habla Hoy)

«¡Esforcémonos por alcanzar el premio que Dios nos llama a recibir por medio de Cristo Jesús!»

Los que nos rodean notarán cuando empecemos a cumplir nuestro destino en el Señor ya que al llevar a cabo el trabajo que Dios nos ha asignado, empezaremos a vivir la vida abundante. Entonces ellos también querrán disfrutar de la vida en Cristo y oirán el llamado de Dios. Esta es una de las maneras en la que podemos «*estimularnos a las buenas obras*». (Hebreos 10:24)

Todavía no he completado mi destino en el Señor; sin embargo, sé que día a día cumplo Su llamado al hacer fielmente las cosas que me ha encomendado. El Señor me ha hecho llevar mucho fruto y éste ha sido más abundante de lo que yo mismo, o ninguna otra persona habría podido imaginar en esos primeros días, en la escuela bíblica, antes de que el Espíritu de Dios tomara el control de mi vida. Desde entonces, Dios me ha traído muy lejos. Hace algunos años sucedió algo que me hizo ver cuan lejos he llegado.

En 1978 dirigí un seminario de enriquecimiento familiar en Honolulu, Hawaii. Una de mis antiguas profesoras de la escuela bíblica, una mujer piadosa a la que no había visto en casi veinte años, asistió al evento. Se sentó al frente del salón y lloró durante toda la conferencia.

Cuando el seminario terminó se acercó a mí y me abrazó. Entre sollozos me dijo: «Ray, por favor, ¿podrías perdonarme? Quiero disculparme contigo; estoy muy arrepentida».

Le pregunté: «¿Por qué habría de disculparse conmigo?». Retrocedió un poco y me dijo: «Hace años, cuando estudiabas en la escuela bíblica, se hizo una reunión con relación a tu estatus de estudiante. Yo convoqué a esta reunión y les dije a los demás: 'Deberíamos enviar a este chico de vuelta a casa ya que nunca hará nada de importancia'. Consideraba que me estabas haciendo perder el tiempo. ¡Cuán equivocada estaba! Estás trabajando en la obra de Dios que creí que nunca llevarías a cabo. Mientras enseñabas esta noche, lo único en que podía pensar era: «Esta es la obra de Dios».

Luego me contó de los estudiantes que se graduaron en mi promoción, aquellos que tenían más talentos y capacidades que yo y que todos creían que harían impacto en este mundo predicando el Evangelio de Cristo Jesús. Me contó que uno de ellos había abandonado a su esposa y que ya no servía a Dios. Otro se había apartado y había ido tras los intereses del mundo. Muchos de aquellos que todos habíamos creído serían muy buenos en el reino de Dios, ni siquiera lo estaban sirviendo.

«De hecho», concluyó «de los veintidós estudiantes de tu promoción, solo diez o doce están trabajando en el ministerio a tiempo completo, y tú eres el único que ha viajado alrededor del mundo para predicar el Evangelio. El estudiante que creíamos que nunca haría nada importante nos ha probado a todos lo que Dios puede hacer».

No cuento esta historia para vanagloriarme de nada de lo que he hecho, pero sí me glorío en Dios. Sólo Él puede transformar una vida que se consideró insignificante para que de pronto sea importante y útil en el Reino de Dios; sólo Él puede transformar un corazón del que no se esperaba nada, para que en él sobreabunden el amor y la vida de Dios. No hay barreras para lo que Dios puede hacer. Nos equivocamos cuando le ponemos límites a una persona y a lo que Dios puede hacer o hará en su vida.

Tal vez pienses: «El no podría usarme así, sé exactamente lo que Dios quiere que haga, pero no estoy capacitado en esa área. Sé que Dios quiere sanar mis heridas, pero tal vez no pueda hacerlo. Seguro tendré que cargar con este dolor por siempre». Esta es la manera en que el hombre piensa, pero Dios no piensa igual. Veamos lo que dice Su Palabra:

Entonces Jesús, mirándolos dijo: Para los hombres es imposible, mas para Dios, no; porque todas las cosas son posibles para Dios.   Marcos 10:27

No hay nada imposible cuando depositas tu fe en Dios. Otro pasaje de la escritura confirma esto:

Todo lo puedo en Cristo que me fortalece.
                                        Filipenses 4:13

Una traducción mucho más literal de este versículo sería: «Puedo hacer todo lo que Dios me pide que haga, por medio del poder de Cristo, quien mora en mí». Dios no nos pedirá que hagamos nada para lo que no nos haya capacitado. No importa qué tenga planeado para ti, cualquiera que sea Su propósito, ministerio o llamado divino, estás capacitado para llevarlo a cabo en el poder de Cristo que vive en ti.

Eres importante y de gran valor para Dios, El te ha creado con un propósito y tiene un plan en mente para ti. Él quiere completar Su sueño y lo que tiene preparado para tu vida. Si te rindes en las manos del Señor, El te moldeará y te transformará en la persona que debes ser según Su propósito y voluntad a fin de que proclames Su gloria a donde quiera que vayas.

Dios no sólo tiene un propósito para tu vida, también lo tiene para la vida de tus hijos y la de tu cónyuge; tiene, también, un propósito para tu matrimonio y para tu hogar y hay una razón para tu situación, tu trabajo, tus estudios. No importa quien seas, el plan que Dios tiene para ti es que traigas gloria y honra a Su Nombre; Su propósito es que conozcas y experimentes Su gran amor y que otros conozcan de Su amor a través de ti.

Dios está obrando en Su pueblo; está animando a cada individuo, a las familias, a las iglesias y a las naciones. ¿Puedes sentir Su obra en tu vida?

Nadie es insignificante para Dios. Él quiere que cada uno de nosotros acuda a Él sin importar cuan insignificantes creamos ser. Cuando le digas que «sí» al Señor, empezará a usarte y empezarás a florecer en Él; te convertirás en una bendición para otros cuando salgas de ti mismo y proclames el nombre del Señor.

Dios transformará a los que son tímidos y entonces, no podrán dejar de hablar del Señor; quienes se hayan escondido detrás de la máscara de la religión, de sí mismos, del miedo, saldrán de su escondite y proclamarán el nombre del Señor.

Dios quiere cambiar los corazones y dotar a Sus hijos de nuevas actitudes. Deja que te cambie y que cambie tus pensamientos, tu rumbo, la idea que tienes acerca de cómo se debe caminar en el Señor. El te dice: «Deja tu vida en mis manos, hijito. Ríndete a Mí y sólo a Mí; entrégame todas las cosas que has estado guardándote. Confía en Mí y en los planes que tengo para tu vida. Entonces, podrás ver lo que puedo hacer a través de ti.»

1 Aquí «nada esforzado» quiere decir «débil».

LA HORMIGA

3

ESFORCÉMONOS POR
ALCANZAR LA META

Lo que sí hago es...esforzarme por alcanzar lo que está adelante, para llegar a la meta y ganar el premio que Dios nos llama a recibir por medio de Cristo Jesús. Filipenses 3:13-14 (Dios Habla Hoy)

«¿Pero qué tienen que ver estos versículos con las hormigas?», te preguntarás; de hecho, tienen mucho que ver.

Las hormigas son fascinantes. Las he mirado trabajar y he aprendido de ellas. Algo que he observado es que se entregan por completo al trabajo y si hay restos de comida en algún lugar, de seguro los encontrarán y harán todo lo necesario para llevárselos a casa.

Una que otra vez he colocado migas en sitios de difícil acceso para ver si las hormigas las recogen y me he sorprendido de lo que ha sucedido: las hormigas no tienen miedo a las alturas, tampoco temen por su propia seguridad y hacen caso omiso de su propio bienestar mientras bregan por llevarse las preciosas provisiones.

Es difícil detener a una hormiga. Una vez que tienen un objetivo, trabajará hasta obtenerlo sin importar que tipo de barrera se le interponga. Las hormigas son pequeñas pero tenaces; vencen todo obstáculo o dificultad que se les ponga delante. Si uno coloca algo en su camino, simplemente van sobre el objeto, o por debajo del mismo o al rededor de éste, manteniendo su mente fija en la meta. Las hormigas se esfuerzan por alcanzar la meta a pesar de los obstáculos.

También me he dado cuenta de que el hecho de que alguna hormiga esté herida o muriendo no impide que sus compañeras avancen hacia la meta. No paran ni se entregan al desespero, tampoco se atemorizan ni se desaniman; no abandonan su tarea debido al miedo o al desánimo.

Nunca he oído a una hormiga decir: «Ay ¡Nuestra hermana ha caído! Tendremos que desistir en nuestro intento por alcanzar la meta. Seguramente no es lo que deberíamos estar haciendo en este momento. ¡Debe ser que Dios no quiere que recojamos las migas!» A pesar que una de ellas esté herida, tal vez mortalmente, las hormigas siguen adelante con decisión; nada parece detenerlas ni asustarlas al punto de hacerlas desistir. Una vez que se han fijado una meta específica, están decididas a cumplir con su trabajo.

Con los humanos sucede lo opuesto. ¡La gente tiene tanto miedo de fracasar! La mayoría de personas inclusive tiene miedo de hacer algo nuevo por miedo al fracaso. Cuando las personas se topan con problemas, se desaniman fácilmente. Muchos abandonan la lucha por llegar a la meta cuando las circunstancias no son lo que quisieran y el ver a otros fracasar tiene un efecto devastador en ellos pues, a diferencia de las hormigas, están llenos de miedo.

Las hormigas se centran en lo que quieren y usan todos los medios para obtenerlo; encuentran dificultades a cada paso y, aún así, continúan adelante.

Muchos de los creyentes que se encuentran con una pequeña dificultad dicen: «Bueno, tal vez Dios está cerrando las puertas. Esto no debe ser Su voluntad para mi vida.» Sin embargo, es posible que Dios no esté más que probando nuestro empeño; tal vez quiere comprobar si en realidad nos hemos centrado en la obra que nos ha asignado. Debemos tener cuidado de no dejar a un lado las cosas que nos entrega, únicamente porque aparece algún tipo de dificultad.

Necesitamos saber lo que Dios nos ha llamado a hacer; después de todo, no tiene sentido esforzarnos si no lo estamos haciendo para alcanzar alguna meta. Podemos lograr muchas cosas, pero si no son la voluntad de Dios, entonces ¿qué de bueno pueden tener?

Aprendamos a buscar al Señor para conocer el plan que tiene para nuestra vida. Escuchemos cuando Él susurra Sus secretos a nuestro corazón. ¿Cuál es tu lugar en el Reino? ¿Qué planes tiene Dios para ti? ¿Porqué te ha hecho parte de Su familia? ¿Por qué te ha redimido?

Si eres uno de aquellos que dice no saber el plan de Dios para su vida, o si sientes que hay mucho más de lo que estás experimentando, puedes pedirle al Señor que te muestre todas estas cosas. Su Palabra promete:

> *Y si alguno de vosotros tiene falta de sabiduría, pídala a Dios, el cual da a todos abundantemente y sin reproche, y le será dada.*   Santiago 1:5

Dios te mostrará lo que tiene preparado para ti. Él es amoroso y justo, ¿cómo podría esperar que cumplas Su voluntad si primero no te la ha mostrado?

Sucede que, aún cuando sabemos lo que debemos hacer, somos perezosos, y esto, constituye un problema. El ministrar a otros requiere esfuerzo, paciencia y la habilidad de apoyarse en la sabiduría divina. Desdichadamente, ninguna de estas cualidades nos es inherente. La mayoría de nosotros preferimos mantenernos alejados y dejar que otros hagan el trabajo. ¡Es justamente debido a esto que en muchas iglesias se espera que el Pastor haga todo el trabajo en el ministerio!

Sin embargo, aquellos que hacen lo que Dios les ha mandado serán bendecidos por su obediencia. ¿Acaso no vale la pena el esfuerzo de hacerse amigo de alguien para poder presentarle la salvación de Dios? ¿Es que el gozo de ver sanado un corazón herido no vale las horas utilizadas en oración y consejería? ¿Podríamos decir que el ver a un hombre joven tomar su lugar en el reino de Dios no vale el esfuerzo continuo que requiere criar a nuestros hijos debidamente en los caminos de Dios?

Desdichadamente, se tiene que aguijonear y empujar a la gente para que ésta haga algo significativo con su vida. Por lo general buscamos paz, descanso y queremos un ritmo pausado de vida en lugar de esforzarnos por conseguir una meta valiosa. Si bien estos momentos pueden ser edificantes, no son el todo del propósito de Dios para nosotros y Él nos empuja a cambiar. Él va a arreglar nuestras circunstancias para que cambiemos. Por supuesto que nos permitirá tener momentos edificantes en Su presencia pero también nos impulsará a actuar cuando sea necesario. Él es un Pastor al que no le cuesta usar Su cayado para encaminarnos por las sendas correctas.

A veces, el Señor permite que sintamos ira contra la situación en la que vivimos, pues por lo general, la gente tiene que enojarse para poder sacar la fuerza necesaria para cambiar su vida. ¿Ha estado Satanás robándote la bendición que Dios tiene para ti? ¿Estás cansado de soportar las circunstancias difíciles? ¿Te sientes harto de luchar para obtener aún la más pequeña de las victorias? Si tu respuesta a estas preguntas es sí, entonces ha llegado el momento de enojarse, tal vez es tiempo de romper el molde que encasilla tu vida y avanzar hacia una gran victoria.

¿Te has dado cuenta de que a la gente, por lo general, le falta un derrotero en la vida? Aun los creyentes están tan llenos de confusión por cosas sin importancia que a duras penas consiguen vivir el día a día. El escritor de la carta a los Hebreos nos desafía:

> *Puestos los ojos en Jesús, el autor y consumador de la fe, el cual por el gozo puesto delante de él sufrió la cruz, menospreciando el oprobio, y se sentó a la diestra del trono de Dios.*   Hebreos 12:2

A pesar de toda la familiaridad que tenemos con este versículo, cabe preguntarse: ¿Qué tan centrada está nuestra vida?, ¿Hemos renovado nuestra mente y purificado nuestros pensamientos dejando a un lado aquellas cosas que pueden distraernos de «poner nuestros ojos» en Jesús y de mantenerlos en Él? Al fijar nuestros ojos en Jesús, descubriremos el propósito de nuestra vida.

Además de poner nuestros ojos en Él, debemos vivir de tal manera que Su vida fluya claramente en y a través de nosotros. Esto sucederá si caminamos de acuerdo a Su voluntad para nosotros y nuestra familia. Cuando usemos los dones, habilidades, talentos y ministerios que el Señor nos ha dado, Su vida en nosotros será evidente para todos. Esto sólo sucederá si ponemos los ojos en el Dador de todo lo bueno.

Además de tener la mirada fija en nuestra meta, tal y como la hormiga, debemos tener cuidado de completar las cosas que debemos realizar. No debemos mantener las mismas metas año tras año y nunca alcanzarlas. El libro de Proverbios se refiere a esto cuando menciona a la hormiga en otro pasaje:

> *Ve a la hormiga, oh perezoso, mira sus caminos, y sé sabio; La cual no teniendo capitán, ni gobernador, ni señor, prepara en el verano su comida y recoge en el tiempo de la siega su mantenimiento.*
>
> Proverbios 6:6-8

En este pasaje se ve el contraste entre el perezoso y la hormiga. Al perezoso se le insta a *«mirar»* y a aprender de la hormiga ya que las hormigas son laboriosas, están siempre ocupadas y su trabajo es constante. Nunca verás a una hormiga sentada en una mecedora pasando el tiempo, no la verás tampoco dando vueltas en la ciudad sin dirección y sin sentido. Desde el amanecer hasta el anochecer la hormiga busca comida constantemente, además, agranda su despensa sin cesar a fin de poder almacenar más comida para los días futuros.

Muchas personas son perezosas y quieren que otras lo hagan todo por ellas. Aun en la iglesia hay personas que dicen: «ora por mí, ayuna por mí, adora por mí». ¿Por qué lo hacen? Generalmente, esto se debe a que la persona no quiere más que descansar y hacer lo que mejor le parece.

Cuando empieza tu vida cristiana, tu estilo de vida debe cambiar ya que has pasado *«de muerte a vida»*.

> *De cierto, de cierto os digo: El que oye mi palabra, y cree al que me envió, tiene vida eterna; y no vendrá a condenación, mas ha pasado de muerte a vida.*
> Juan 5:24

Debido a que pasaste *«de muerte a vida»*, fuiste hecho una nueva criatura. Ahora formas parte de una nueva especie de seres que nunca antes existió.

> *De modo que si alguno está en Cristo, nueva criatura es; las cosas viejas pasaron; he aquí todas son hechas nuevas.*   2 Corintios 5:17

«Todas» las cosas en tu vida han sido transformadas, como la Palabra lo confirma: «*He aquí todas[las cosas] son hechas nuevas»*. No deberías comportarte como cuando eras pecador. Debería haber un cambio en tu vida tanto en el ámbito de lo físico como en el ámbito de lo espiritual.

¿Has experimentado un cambio en tu vida? ¿Estás esforzándote por alcanzar a Cristo? ¿Estás acaso buscando Su voluntad para tu vida? ¿O te has conformado con sentarte a disfrutar lo que la vida te ofrece ahora pensando que no hay nada más?

Las personas perezosas no tienen visión ni meta alguna; lo dejan todo para el último momento. En Proverbios se hace una descripción del perezoso después de que se lo insta a aprender de la hormiga.

Perezoso, ¿hasta cuándo has de dormir? ¿Cuándo te levantarás de tu sueño? Un poco de sueño, un poco de dormitar, y cruzar por un poco las manos para reposo; así vendrá tu necesidad como caminante, y tu pobreza como hombre armado.

Proverbios 6:9-11

¡El pueblo de Dios no puede ser perezoso! El ejército del Señor no está conformado por aquellos que lo dejan todo para el último. El batallón de los victoriosos en Dios no incluye a aquellos que duermen constantemente. No esperes hasta mañana para hacer lo que deberías hacer hoy. Lo que eres hoy determinará lo que serás mañana. Tu eternidad depende de lo que eres y haces hoy.

No esperes hasta después para tomar en serio a Dios, «después» tal vez nunca llegue. Así que no esperes a jubilarte para hacer las paces con Dios; no esperes a terminar la universidad para entregarle tu vida a Dios; no esperes a ser exitoso en tu carrera para trabajar en la edificación de Su Reino. Si eres sabio, usa toda oportunidad para proclamar al Señor, ya sea de palabra o de acción.

La gente perezosa nunca progresa ni alcanza nada ya sea en lo material (en su trabajo) o en lo espiritual (el Reino de Dios).

Quien está ocupado y activo tiene menos probabilidades de enfermar, pero quien es perezoso y no se ejercita morirá a temprana edad. La vida de aquel que está siempre activo se prolongará y será más feliz.

Entonces, no desperdiciemos el tiempo, fijemos nuestros ojos en Dios y concentrémonos en cumplir el destino que Él tiene para nosotros.

Durante un tiempo fui director de una escuela cristiana en Filipinas y parte de mis obligaciones consistía en disciplinar a los profesores indisciplinados. Había uno que siempre llegaba tarde. Al inicio del año escolar llegaba cinco minutos tarde cada mañana; después de dos o tres semanas de clase, sin embargo, empezó a llegar diez minutos tarde. Luego sus atrasos iban de media hora a cuarenta y cinco minutos. ¿Cómo podía este profesor hacer un buen trabajo si casi no tenía tiempo para dictar clases? ¿Qué tipo de ejemplo era él para los alumnos?

Decidí que eso no podía seguir así y lo llame a mi oficina. Fui directo al grano y le pregunté el motivo por el que siempre llegaba tarde. Su respuesta fue: «Pastor es demasiado difícil levantarse por la mañana». «¡Qué respuesta tan tonta!» me dije. ¡Cómo si levantarse temprano y estar a tiempo fuera fácil para todos los demás! Le dije al hombre que si quería conservar su trabajo debía llegar a tiempo.

«Bueno, hoy es día de paga», le dije, «Vamos a comprar un reloj despertador». Fui con él personalmente a comprarlo.

Debido a esto me sentí muy apenado cuando el hombre continuó llegando tarde. Tuve que reemplazarlo en varias ocasiones. Entonces empecé a pensar: «¿Por qué debería perder mi tiempo trabajando en lugar de este hombre cuando a él se le paga para estar aquí? ¿Por qué debería hacer su trabajo?» Así que lo volví a llamar a mi oficina. «Le advertí acerca de sus retrasos», le dije, «tuve que dar su clase en varias ocasiones. Lo lamento, pero sus servicios ya no se requerirán más en esta escuela».

Entonces el hombre empezó a llorar. Cuando vi sus lágrimas sentí compasión por él y le dije: «Creo haberle dado una oportunidad y esto es más que suficiente, pero puede quedarse. De ahora en adelante, sin embargo, cada minuto que se atrase, será descontado de su paga».

Saben…eso solucionó el problema, de ahí en adelante, el hombre nunca más llegó tarde.

Los perezosos nunca toman en serio lo que hacen y hacen las cosas solo cuando les nace hacerlas.

A veces pensamos que las cosas de Dios carecen de importancia, que son cosas temporales, pero necesitamos darnos cuenta de que todo lo que está relacionado con nuestra vida espiritual se hace para la eternidad y aún algo tan simple como llegar a tiempo al trabajo, es parte de nuestra vida espiritual.

Importaba muy poco si este profesor era el mejor matemático del mundo, si era perezoso no era útil. Puede que tengas todo el talento del mundo, gran habilidad, todas las cualidades para ser un buen líder, si eres perezoso, todos tus dones no valen nada.

Las escrituras nos enseñan a ser diligentes de espíritu y de acción:

> *Sobre toda cosa guardada, guarda tu corazón; porque de él mana la vida.*   Proverbios 4:23

Una de las razones principales por las que fallamos es que no somos cuidadosos ni diligentes al usar las cosas que Dios nos ha dado y debido a esto nos perdemos las bendiciones del Señor.

La Palabra del Señor dice:

Ocupaos en vuestra salvación con temor y temblor.
Filipenses 2:12

Nuestra relación con Cristo Jesús es algo serio y el ser perezoso no es una excusa. Seamos sabios y diligentes como la hormiga, entremos al Reino de Dios de todo corazón y luchemos por alcanzar todo lo que el Señor tiene preparado para nosotros.

4

PREPARÉMONOS PARA CUALQUIER EVENTUALIDAD

Las hormigas, pueblo no fuerte, y en el verano preparan su comida. Proverbios 30:25

Como ya hemos visto, las hormigas son diligentes. Estas pequeñas criaturas están siempre ocupadas y se niegan a ser apartadas de sus metas. No son perezosas sino que trabajan continuamente y luchan aún cuando sus compañeras caen.

Sin embargo, las hormigas no se mantienen ocupadas porque sí, ellas no han aceptado la visión de la sociedad que usa la actividad como un medio de probar la importancia o valía personal. Las hormigas tienen un propósito específico y aunque no son fuertes se preparan constantemente para el futuro. ¿Has visto alguna vez una hormiga durmiendo o a alguna sentada llorando en un rincón desanimada?

Parte de lo que debemos aprender de la sabiduría de las hormigas, según creo, es que debemos estar preparados para cualquier cosa que la vida nos traiga. Tenemos que prepararnos para que el Señor pueda utilizarnos cuando así lo requiera. Ésta es una lección que muchos encuentran difícil de aprender.

Cuando trabajaba como misionero en Guam, supe que las islas eran frecuentemente azotadas por huracanes. Había tantas tormentas que venían del océano y azotaban la isla, que ciertos edificios habían sido asignados como albergues públicos. Cuando sonaba la alarma se debía dejar lo que se estuviera haciendo e ir al albergue más cercano. Algunas personas estaban demasiado absorbidas por lo que estaban haciendo o eran demasiado perezosas como para responder a la alarma y como resultado muchas perdieron su vida.

La alarma advertía del peligro y avisaba que se acercaba un enemigo capaz de destruir la vida de la gente si ésta no alcanzaba a refugiarse a tiempo. ¿Cómo era posible que hubiera personas que ignoraran tal advertencia? Aun así, algunas lo hacían.

En ocasiones oímos alguna alarma en nuestra vida: deberíamos alarmarnos si ya no oramos o leemos la Palabra como deberíamos, o si nos damos cuenta de que el pecado está controlándonos. A veces podemos darnos cuenta de que el enemigo está atacándonos.

Sin embargo, no deberíamos esperar hasta oír la alarma para asegurarnos que todo marcha bien en nuestra vida. Deberíamos prepararnos continuamente, no sea que las dificultades de la vida nos atrapen.

También debemos estar listos para que Dios nos utilice y estar preparados para comparecer delante de Él. El profeta Amós escribió:

Prepárate para venir al encuentro de tu Dios.
Amós 4:12

Llegará el día en que cada uno de nosotros tenga que comparecer delante de Señor. No podemos evitar ese día ya que todos los hombres serán juzgados. Puesto que no estamos todavía en Su presencia, debemos utilizar nuestro tiempo sabiamente, debemos prepararnos.

Trato de estar preparado para las cosas comunes de la vida. Por ejemplo, cada noche escojo la ropa que usaré el día siguiente. Es una decisión pequeña, pero como sé que al siguiente día tendré cosas mucho más importantes que hacer, no quiero retrasarme decidiendo qué me voy a poner. Así, cuando me acuesto en la noche, me siento relajado al pensar que sé exactamente lo que me pondré la mañana siguiente.

No todo el mundo tiene que hacer esto ya que no a todos les falta el don de combinar los colores como a mí. Estoy consciente de mi incapacidad, así que me preparo de antemano. De otro modo me pondría lo primero que viera en el armario y al llegar a mi destino me daría cuenta (o alguien más lo haría en lugar de mí) de que nada combina.

También decido de antemano lo que desayunaré a la mañana siguiente pues, no quiero pasarme frente al refrigerador sin saber lo que voy a comer; no tengo tiempo que perder así que debo estar listo.

De la misma manera, cuando me presento delante del Señor, no quiero preguntarme si he hecho lo correcto, lo que quiero es estar listo en ese momento. Así que planifico, me preparo y hago las cosas que se necesito hacer.

Así como las decisiones que tomo cada noche me ahorran tiempo y esfuerzo al día siguiente, las decisiones que tomamos cada día, pueden ayudar u obstaculizar nuestro caminar en el Señor. Muchas de las opciones que hacemos en nuestra vida cristiana se reducen a una decisión muy simple y básica:

Y si mal os parece servir a Jehová, escogeos hoy a quién sirváis; si a los dioses a quienes sirvieron vuestros padres, cuando estuvieron al otro lado del río, o a los dioses de los amorreos en cuya tierra habitáis; pero yo y mi casa serviremos a Jehová.

Josué 24:15

No sabemos cuando vendrá el día para el que tenemos que estar preparados así que debemos ordenar nuestras vidas ahora, antes de que sea demasiado tarde.

En aquellos días Ezequías cayó enfermo de muerte. Y vino a él el profeta Isaías hijo de Amoz, y le dijo: Jehová dice así: Ordena tu casa, porque morirás, y no vivirás.   2 Reyes 20:1

¿Qué harías si supieras que vas a morir mañana? Si eres como la mayoría de personas, lo más probable es que pases tus últimos momentos en la casa de Dios asegurándote que todo está arreglado entre tú y Él.

El problema es que no sabemos cuando llegará el fin. Por lo general no sabemos exactamente cuando moriremos; tampoco sabemos cuando será el regreso de Cristo:

La Biblia dice:

Porque vosotros sabéis perfectamente que el día del Señor vendrá así como ladrón en la noche.

1 Tesalonicenses 5:2

No se hará ningún anuncio además de aquel que ha sido dado en la Palabra de Dios; no habrá una advertencia en las noticias de la tarde; no sabemos cuando vendrá Cristo, pero sin importar cuando suceda, que ese día no te encuentre durmiendo como a las vírgenes, que por su insensatez así lo hicieron:

> *Entonces el reino de los cielos será semejante a las diez vírgenes que tomando sus lámparas, salieron a recibir al esposo. Cinco de ellas eran prudentes y cinco insensatas. Las insensatas, tomando sus lámparas, no tomaron consigo aceite; mas las prudentes tomaron aceite en sus vasijas, juntamente con sus lámparas. Y tardándose el esposo, cabecearon todas y se durmieron. Y a la medianoche se oyó un clamor: ¡Aquí viene el esposo; salid a recibirle! Entonces todas aquellas vírgenes se levantaron, y arreglaron sus lámparas. Y las insensatas dijeron a las prudentes: Dadnos de vuestro aceite; porque nuestras lámparas se apagan. Más las prudentes respondieron diciendo: Para que no nos falte a nosotras y a vosotras, id más bien a los que venden, y comprad para vosotras mismas. Pero mientras ellas iban a comprar, vino el esposo; y las que estaban preparadas entraron con él a las bodas; y se cerró la puerta. Después vinieron también las otras vírgenes, diciendo: ¡Señor, señor, ábrenos! Más él, respondiendo, dijo: De cierto os digo, que no os conozco. Velad, pues, porque no sabéis el día ni la hora en que el Hijo del Hombre ha de venir.*   Mateo 25:1-13

No te arriesgues, mantén tu lámpara llena con el aceite del Espíritu Santo; manténte listo, prepárate y permanece lleno de Dios:

Por tanto, no seáis insensatos, sino entendidos de
cuál sea la voluntad del Señor. No os embriaguéis
con vino, en lo cual hay disolución; antes bien sed
llenos del Espíritu.   Efesios 5:17-18

Una traducción más exacta de este versículo sería: «Sé cada vez lleno del Espíritu». En otras palabras, que Dios te llene y te vuelva a llenar continuamente. No permitas que el Espíritu Santo se te acabe, sino que, permítele a Dios que te llene una y otra vez. Prepárate.

Jesús dijo:

Velad, pues, porque no sabéis a qué hora ha de venir
vuestro Señor. Pero sabed esto, que si el padre de
familia supiese a qué hora el ladrón habría de venir,
velaría, y no dejaría minar su casa. Por tanto, tam-
bién vosotros estad preparados; porque el Hijo del
Hombre vendrá a la hora que no pensáis.

Mateo 24:42-44

Vivimos en un tiempo de oportunidad. Este es el momento de ser productivo, de producir fruto para el Señor y de ser útil a Él. Aunque es más fácil dejar a otros el trabajo del ministerio, las escrituras no dicen en ningún lugar: «Para ti será el descanso mientras que los demás llevarán la carga solos». Debemos animarnos, ayudarnos y bendecirnos unos a otros y juntos debemos cumplir la travesía de la vida.

Cada uno de nosotros es responsable por lo que el Señor le ha dado a hacer. No debemos sentarnos a mirar como otros hacen nuestro trabajo. Por ahora podemos pensar que hemos escogido el camino fácil, pero cuando, un día, nuestra fuerza disminuya y nos demos cuenta de que nuestra vida se acerca a su fin, entonces nos llenaremos de sufrimiento si no hemos tomado las oportunidades que la vida nos ha ofrecido para cumplir con nuestro llamamiento y destino en el Señor.

El Señor puede prescindir de nosotros al hacer Su obra y puede encontrar a otros que sí estén dispuestos a cumplir Su voluntad. ¿Queremos en realidad perder Su bendición y el gozo de servirle? Estamos llamados a ser «Colaboradores de Dios». Él quiere que compartamos el gozo de bendecir a otros; así que no vaciles. No vayas sin estar preparado; aprovecha la oportunidad que tienes ahora.

> *Y dijo el Señor: ¿Quién es el mayordomo fiel y prudente al cual su señor pondrá sobre su casa, para que a tiempo les dé su ración? Bienaventurado aquel siervo al cual, cuando su señor venga, le halle haciendo así. En verdad os digo que le pondrá sobre todos sus bienes.* Lucas 12:42-44

Seamos como el «*mayordomo fiel*» y traigamos su ración a aquellos que la necesitan en la Casa del Señor. Estemos preparados para servir en todo tiempo y de cualquier manera que el Señor lo desee.

Somos soldados en el ejército de Dios, y un soldado, como todos lo sabemos, ha de estar preparado, listo para cumplir Sus órdenes. Si el soldado oye la trompeta por la mañana, salta de su cama y está listo para cumplir con lo que se espera de él en ese día. Puede que su motivación sea el no tener que hacer flexiones, o tal vez, no quiere ser asignado a servir en la cocina. Pero, sin importar cual pueda ser su motivación, el soldado se levanta y se alista, nunca dice: «Creo que me quedaré durmiendo un momento más». Un soldado sabe que es mejor levantarse que hacerles frente a las consecuencias de su pereza. Debemos estar tan motivados como el soldado para servir en el Reino de Dios.

¿Cuáles son las consecuencias de la pereza? El ser perezoso, tal vez nos impedirá caminar tan cerca de Dios como podríamos hacerlo e inclusive, podríamos llegar a perder la conciencia de Su presencia permanente en nosotros.

Nuestra falta de disciplina puede afectar también a los demás. ¿Quién enseñará a nuestros niños o predicará la Palabra? ¿Quién compartirá las Buenas Nuevas? ¿Quién alimentará a los hambrientos o ayudará a los enfermos y a los pobres? ¿Quién podría hacer estas cosas sino nosotros mismos?

Preparémonos:

> *Gocémonos y alegrémonos y démosle gloria; porque han llegado las bodas del Cordero, y su esposa se ha preparado.*   Apocalipsis 19:7

Preparémonos porque el Novio puede venir cualquier día, la trompeta puede sonar en cualquier momento y el arcángel puede dar voces en cualquier instante, ¿estás listo?

Como pastor, he tenido que advertir a algunos hombres de negocios muy exitosos que sólo van a la iglesia una o dos veces al mes, les he dicho que aunque no está mal ser diligente y trabajar duro, si hacemos todo, menos prepararnos espiritualmente, no habremos ganado nada.

Algunas personas se matan trabajando, acumulan riquezas para dejarlas al anticristo. No les digo que dejen de trabajar sino que deberían también dejar un tiempo para Dios.

Una familia me contestó riendo que no me preocupara. Me dijeron: «Vivimos cerca de usted, así que, si la trompeta suena, nos agarraremos de usted e iremos juntos al cielo». Es necesario aclarar que nadie puede preparase por ti, debes hacerlo tu mismo.

Evaluemos nuestra vida y démonos cuenta de lo que es verdaderamente importante. Seamos tan sabios como la hormiga que se prepara para el futuro. Las hormigas no son fuertes ni ricas, pero son sabias; nunca mueren de hambre.

El invierno no las atrapa desprevenidas pues han trabajado durante el verano almacenando todo lo que necesitan para poder sobrevivir cómodamente durante el clima más frío. Tal y como las hormigas se preparan, nosotros necesitamos prepararnos para la eternidad.

Prepárate para enfrentar el peligro:

> Sed sobrios y velad; porque vuestro adversario el diablo, como león rugiente, anda alrededor buscando a quien devorar.   1 Pedro 5:8

Prepárate, vela y manténte en guardia. La conciencia de mi debilidad, me permite mantenerme siempre en guardia y, ya que estoy consciente de mis limitaciones, trato de no arriesgarme. Debido a esto, me es imprescindible mejorar continuamente y estar en guardia en todo tiempo porque mi enemigo es más fuerte y más poderoso que yo.

Satanás ya me ha vencido antes, así que necesito estar protegido contra él; la única manera en que lo estaré es colocando mi vida en las manos de Dios y estando listo para atacar cuando el enemigo aparezca.

¡La presencia de Jesús en mí es mucho mayor que toda la fuerza del enemigo que se levante en mi contra y esto, también es una verdad para ti! Puedes vencer:

> *Hijitos, vosotros sois de Dios, y los habéis vencido;*
> *porque mayor es el que está en vosotros, que el que*
> *está en el mundo.*   1 Juan 4:4

¡Alabado sea Dios, Él es «*mayor*» que el enemigo! Tenemos que acudir a Él de todo corazón, sabiendo que Él es nuestra vida.

Sé sabio como las hormigas; permanece atento a las cosas de Dios y no vivas únicamente para el presente, piensa en el mañana y lucha por las metas que Dios tiene preparadas para ti. Suple tus necesidades, tanto las presentes como las futuras.

Podemos prepararnos para el futuro siendo buenos administradores de lo que Dios nos ha dado, esto incluye la Palabra del Señor y todo don espiritual del que nos ha provisto. Debemos estar atentos a alimentar las cosas que Dios ha puesto en nuestro espíritu y debemos crecer en la vida cristiana.

También debemos ser buenos mayordomos de las cosas materiales que el Señor nos ha provisto. Por lo general, los creyentes tienden a dos extremos opuestos: se esclavizan con las cosas materiales o descuidan su cuidado por completo. No debemos caer en ninguno de estos dos errores. Debemos usar nuestro dinero y nuestras cosas sabiamente, sin permitir que se conviertan en un lazo para nuestro espíritu.

Nunca he visto una hormiga derrochadora que gaste su dinero, su tiempo o su energía ni he visto una que se apresure a comprar cosas que realmente no necesita, aún si están de oferta.

Si no somos sabios seremos derrochadores. Debemos planificar el gasto de nuestro dinero. He visto a muchos cristianos que un día son millonarios y que un mes después son indigentes; se gastan el sueldo tan pronto como lo reciben y no guardan nada para el resto del mes. Aprendamos a administrar nuestro dinero; controlémoslo y no permitamos que nos controle.

Por lo general, cuando alguien quiere comprar algo dice: «No tengo el dinero en este momento, pero creo en el Señor» y entonces sacan la tarjeta de crédito. Yo lo llamo «Fe plástica». Cuando les llega la cuenta no se ponen tan felices y entonces preguntan: ¿Oh Dios cómo es que esto pudo pasarme?

No podría decir que los creyentes no deberían tener tarjetas de crédito; pero si no tenemos control sobre esta área y no gastamos nuestro dinero sabiamente, nos estamos entregando a la esclavitud y forjando una vida de pobreza. Así que seamos sabios, planeemos pensando en el futuro y no nos esclavicemos con las deudas.

La mayoría de nuestros problemas financieros suceden por dos motivos: no valoramos lo que ya tenemos o no planeamos a futuro. Seamos buenos mayordomos de las bendiciones de Dios. Si solo se nos pueden confiar cincuenta dólares, no importa cuanto oremos porque

Dios nos dé un millón, ya que nunca nos lo dará. Hay gente que dice: «Si solo tuviera diez mil dólares….», pero cuando reciben algo del Señor lo malgastan.

Un día un hombre le dijo a su pastor: «Pastor, ¿podría orar por mi negocio? Por favor pídale a Dios que lo prospere para que yo pueda ofrendar para la obrar de Dios». El Pastor oró, Dios bendijo el negocio y su dueño empezó a diezmar. Primero dio veinte dólares a la semana, luego cincuenta y luego cien.

El hombre volvió a pedirle al Pastor que orara porque Dios expandiera su negocio para que él pudiera dar más para la obra de Dios; una vez más, Dios bendijo el negocio. Finalmente este hombre daba un diezmo de quinientos dólares a la semana y después de poco tiempo, empezó a dar dos mil dólares a la semana.

De pronto el hombre desapareció y dejó de participar activamente en la iglesia. El Pastor lo visitó y le preguntó lo que sucedía. El hombre dijo: «Pastor, estoy pasando por un momento difícil. Ahora que mi negocio ha sido bendecido y prosperado, me es muy difícil dar mis diezmos pues ahora el diezmo sería de cuatro mil dólares a la semana. Por favor, ore por mí, me es muy difícil dar toda esa cantidad».

El Pastor le preguntó al hombre de negocios: «¿Te parecía difícil dar quinientos dólares a la semana?» , el hombre le contestó que no lo era.

Entonces el Pastor tomó las manos del hombre de negocios y oró: «Señor bendice este negocio lo suficiente para que este hombre pueda dar quinientos dólares a la semana». Cuando el hombre protestó, el Pastor le dijo: «Pero yo creí que quería ser bendecido solamente en esa cantidad». Entonces el hombre dijo: «De ninguna manera Pastor, aquí tiene mi diezmo».

Este hombre aprendió a valorar las bendiciones y la provisión divina más que la cantidad que le daba al Señor. Así es como debemos ser; debemos valorar a Dios y a Sus propósitos por sobre cualquier cosa que tengamos. Fija tus ojos en el Dador de bendiciones y no en la bendición pues Él proveyó «la perla preciosa».

> *También el reino de los cielos es semejante a un mercader que busca buenas perlas, que habiendo hallado una perla preciosa, fue y vendió todo lo que tenía, y la compró.*   Mateo 13:45-46

Sé un buen administrador de lo que Dios te ha dado, y como la hormiga, prepárate para cualquier cosa que Dios te traiga. Manténte listo en lo material y en lo espiritual ya que no sabes cuando el Señor pueda pedírtelo. Las escrituras dicen:

> *Que prediques la palabra; que instes a tiempo y fuera de tiempo; redarguye, reprende, exhorta con toda paciencia y doctrina.*   2 Timoteo 4:2

EL CONEJO

5

RECONOZCAMOS NUESTRAS DEBILIDADES

Los conejos, pueblo nada esforzado[1,] y ponen su casa en la piedra.   Proverbios 30:26

Como la Palabra de Dios lo dice, los conejos son un pueblo débil. Enfrentan constantemente el peligro y son vulnerables a los ataques de los predadores. Debido a que estos animales no tienen manera de defenderse, no son feroces como el león o venenosos como las serpientes, tienen que acudir a otros medios para sobrevivir.

Lo primero que podemos notar en estas criaturas es que no son pretenciosas; conocen su debilidad y no hay hipocresía en ellas: no tratan de engañar a otros animales aparentando que son más fuertes y tampoco se enfrentan a sus predadores. Los conejos saben quienes son y conocen sus limitaciones, pero están decididos a sobrevivir.

Los conejos no tienen motivos para esconder sus fallas y tienen que hacerles frente a sus debilidades si quieren existir junto a otros animales más fuertes.

Así que, ¿cómo es que los conejos sobreviven? Pues bien, corren muy rápido por las rocas. Saben que estarán seguros allí y es por eso que ponen su casa en ellas. Las rocas les proveen de un sitio seguro ya que les permiten camuflarse y esconderse. Además, a fin de asegurar la supervivencia de la especie debido a los predadores, los conejos se reproducen en grandes cantidades.

Como el conejo, los humanos debemos hacerles frente a nuestras limitaciones y si no aprendemos a depender de la misericordia y gracia de Dios, los predadores de la vida nos engullirán en un abrir y cerrar de ojos.

Muchas veces fingimos que todo marcha bien. No queremos admitir ante los demás que tenemos problemas, que sufrimos interiormente. Tratamos de esconder como nos sentimos ya que, después de todo, si realmente somos seguidores de Jesús, todo debería marchar muy bien, ¿verdad?

Entonces tratamos de vivir en nuestras propias fuerzas, el problema está en que si nunca admitimos nuestra debilidad, no le pediremos a Dios que nos dé Su fuerza.

Admitir nuestra necesidad no es un pecado y tampoco es vergonzoso admitir que necesitamos ayuda. No está mal acudir a los hermanos o hermanas que nos rodean. Podemos ayudarnos mutuamente, cuando te sientas débil, te daré mi mano y cuando yo me sienta débil, necesitaré de la tuya. No nos avergoncemos de esto.

No debemos sentir miedo de admitir nuestra necesidad delante de Dios y de pedirle que nos dé Su fortaleza; tampoco debemos temer admitir nuestra necesidad ante los hermanos y hermanas en el Señor, aquellos que son más fuertes o que tienen un corazón dispuesto a ministrar y fortalecer a sus hermanos. A veces necesitamos apoyarnos en la fuerza de otra persona. Esta es una de las maneras en que el Señor nos enseña a tener un espíritu de humildad ya que suprime el orgullo que podamos tener.

No tienes que reír cuando en realidad quieres llorar, ni tampoco tienes que sonreír cuando sientes que tu mundo se derrumba. Cuando más débil te sientas, podrás experimentar la fuerza sobrenatural del Señor. Si nunca llegas a agotar tus recursos, nunca te volverás a Dios. Cuando le entregas el control de tu vida a Dios, Él puede empezar a obrar en ti. Si sigues luchando, tratando de encontrar la manera de vencer sin ayuda, lo estarás haciendo solo. Sin embargo, cuando te encuentres en uno de estos momentos, clama al Señor y dile: «¡Señor, ayúdame! Soy débil y no puedo salir adelante solo». Entonces el Señor vendrá, te levantará y te fortalecerá.

El Apóstol Pablo no tenía miedo de admitir sus debilidades. Tampoco tenía miedo de encomendarse al poder del Señor:

> *Y me ha dicho: Bástate mi gracia; porque mi poder se perfecciona en la debilidad. Por tanto, de buena gana me gloriaré más bien en mis debilidades, para que repose sobre mí el poder de Cristo. Por lo cual, por amor a Cristo me gozo en las debilidades, en afrentas, en necesidades, en persecuciones, en angustias; porque cuando soy débil, entonces soy fuerte.*
>
> 2 Corintios 12:9-10

No te avergüences jamás de pedirle a un hermano o hermana que ore por ti. Satanás tratará de avergonzarte haciéndote creer que no necesitas las oraciones de los demás. Tu propio orgullo te será un freno, pero la humildad y la honestidad te traerán liberación por medio de Cristo.

Si has llegado a ser más fuerte en el Señor y ves a alguien que enfrenta luchas en su vida, debes saber que no tienes derecho alguno a criticar a esa persona ni a pasar sobre ella y de empujarla hacia el fondo. Ayuda a aquellos que estén luchando, apóyalos y levántalos; sé aquel en quien puedan apoyarse. Así serás de bendición al pueblo de Dios y Él te bendecirá cuando bendigas y fortalezcas a los demás.

El ministrar a los que son débiles es parte de lo que el Señor nos ha llamado a hacer.

> *En todo os he enseñado que, trabajando así, se debe ayudar a los necesitados, y recordar las palabras del Señor Jesús, que dijo: Más bienaventurado es dar que recibir.*   Hechos 20:35

> *También os rogamos, hermanos, … que alentéis a los de poco ánimo, que sostengáis a los débiles, que seáis pacientes para con todos.*
> 1 Tesalonicenses 5:14

Permite que tus palabras traigan aliento y actúa de tal manera que animes al pueblo de Dios, de esta forma colaborarás con el Señor para edificar Su iglesia.

Un día te sentirás débil y será tu turno de soportar un tiempo difícil; entonces, necesitarás una mano amiga que te ministre y te anime; necesitarás a alguien que ore contigo, que te anime y te conforte en la Palabra. Entonces cosecharás lo que sembraste: los demás se sentirán gozosos de bendecirte ya que tú habrás sido una bendición para su vida.

¿Quieres ser uno de los que anima al pueblo de Dios? ¿Quieres edificar Su iglesia? ¿Quieres *«restaurar las ciudades arruinadas»* y *«levantar las manos caídas?»* Entonces, permítele al Señor hacer estas cosas a través de ti y espera ver la bendición que Él trae a Su pueblo.

No necesitamos el reconocimiento de los demás para que Dios nos use, tampoco necesitamos aparentar que somos «alguien» para que el Señor se dé cuenta de nuestra existencia. El no piensa como el hombre, ni mira lo que nosotros miramos. El no se fija en las cosas externas e ignora lo demás:

> *Porque Jehová no mira lo que mira el hombre; pues el hombre mira lo que está delante de sus ojos, pero Jehová mira el corazón.*   1 Samuel 16:7

Cuando naciste de nuevo en la familia de Dios, te convertiste en alguien importante en Él y para Dios eres importante, por esta sola razón. El te creó y te ama y no puede tener más interés por ti del que ya tiene. Así que no creas la mentira que dice que debemos ser superestrellas espirituales. Debemos ser lo que Dios nos ha llamado a ser y debemos hacer lo que Él nos ha encomendado.

Por lo general, vivimos en la tierra brumosa de las excusas pues tratamos de excusarnos por no hacer lo que creemos que deberíamos estar haciendo. Nos centramos en nuestras limitaciones cuando contemplamos nuestra «insignificancia»; pero no debe haber excusas si obedecemos al Señor conforme a nuestras posibilidades. No tenemos que preocuparnos por las cosas que no podemos hacer, sino por aquellas que sí podemos llevar a cabo y que el Señor nos ha pedido que hagamos. La Palabra de Dios nos enseña que:

> *Porque si primero hay la voluntad dispuesta, será acepta según lo que uno tiene, no según lo que no tiene.*   2 Corintios 8:12

¡Lo que damos es «aceptable» de acuerdo con lo que tenemos y no con lo que no tenemos! No debemos continuar dando excusas; no te preocupes por tus limitaciones y por tu aparente insignificancia. Si Dios te ha encomendado hacer algo, El mismo derribará los muros de la limitación y te capacitará para cumplir con la tarea.

> *Pero todas estas cosas las hace uno y el mismo Espíritu, repartiendo a cada uno en particular como él quiere.*   1 Corintios 12:11

No hay una sola persona a la que Dios no le haya dado algún don; no hay persona a la que le falte algún talento, el Señor nos ha dado dones a todos y los ha distribuido por medio del Espíritu Santo según Su voluntad. Además, Él ha asignado ciertos dones a todos aquellos que creen en Él:

> *Digo pues, por la gracia que me es dada, a cada cual que está entre vosotros, que no tenga más alto concepto de sí que el que debe tener, sino que piense de sí con cordura, conforme a la medida de fe que Dios repartió a cada uno.*   Romanos 12:3

Pero a cada uno de nosotros fue dada la gracia conforme a la medida del don de Cristo.   Efesios 4:7

Dios ha asignado a cada persona la fe, la gracia y la presencia de Cristo que mora en cada uno, además, estos dones pueden crecer en nuestra vida. Así que no hay excusa aceptable para no estar involucrado activamente en el Reino de Dios.

Dios nos ha llamado para cumplir con un propósito; nos ha llamado por una razón y para que seamos un pueblo con destino. Sólo alcanzaremos este destino en la medida en que le permitamos a Dios obrar en nuestra vida, así que, no debemos ponerle límite a lo que Él puede hacer.

Esto puede resultar algo difícil de entender, después de todo, sabemos que Dios es grande y terrible; sabemos que puede hacer todo lo que quiera. Así que, ¿cómo podría alguien limitar a Dios? Puede que no tengamos conciencia de lo que estamos haciendo, pero el hecho es que, a pesar de todo, sí lo limitamos y lo hacemos cada vez que nos apartamos de las cosas que Él requiere de nosotros. Alguien puede decir: «¡No tengo la fe para orar por esta situación!», «Me encantaría ser pastor, pero no sé cómo podría pagarme los estudios», «Quisiera que Dios envíe a alguien a testificar a esa persona. Me encantaría verla venir al Señor, pero yo no le puedo hablar al respecto.... ¿Qué tal si me rechaza?»

Limitamos a Dios encasillándolo en nuestro propio pensamiento limitado; ¡Es tiempo de dejarlo actuar! Déjalo fluir a través de ti, sin que se lo impidan tus propios conceptos. Busca Su obrar en tu vida y deléitate en lo que haga en ti.

Al permitir que el Señor obre en tu vida, obtendrás fortaleza, pero ésta viene de Dios y no de ti mismo. Su fuerza se perfecciona en tu debilidad sólo si admites que eres débil.

Cuando estamos dispuestos a enfrentar nuestras debilidades le permitimos al Señor llenarnos de Su fuerza. Aquellos que son débiles necesitan a alguien más fuerte que ellos, alguien que los acompañe, los proteja y los defienda.

Los fuertes no deben mirar a los débiles con desprecio y no deben jactarse de su fuerza y los débiles no tienen que sentirse intimidados por los fuertes ya que ambos se necesitan: Dios creó a los débiles para ser bendecidos por los fuertes y a los más fuertes para sostener y apoyar al más débil. Fuertes y débiles pueden ministrase mutuamente a fin de recibir una bendición mutua:

> *Así que, los que somos fuertes debemos soportar las flaquezas de los débiles, y no agradarnos a nosotros mismos.*   Romanos 15:1

> *Por lo cual nos gozamos de que seamos nosotros débiles, y que vosotros estéis fuertes; y aun oramos por vuestra perfección.*   2 Corintios 13:9

Cuando somos débiles debemos aceptar la ministración de aquellos que son fuertes en el Señor con afabilidad. Sin embargo, hay alguien más que nos ayudará y que será nuestra fortaleza.

Veámoslo en la siguiente historia que trata de dos hermanos: unos chicos mayores intimidaban a un niño en la escuela; lo atormentaban y lo acosaban. Él trataba de huir de ellos pero continuaban molestándolo y él no podía hacer nada al respecto. Finalmente no pudo soportarlo más y se lo contó a su hermano mayor.

Al día siguiente, ya en la escuela, el hermano mayor estaba vigilando desde lejos cuando los muchachos mayores se acercaron a molestar a su hermano. El niño lo llamó; de pronto los fanfarrones se encontraron frente a un hombre joven que era mucho más grande que ellos. Él los miró severamente y preguntó: «¿Qué creen que están haciendo?» Entonces, todos los fanfarrones se dieron a la fuga.

El niño tenía a alguien mucho más grande de su parte; tenía a alguien que podía hablar a su favor, pelear por él, si fuese necesario y que podía desafiar a quienes lo atormentaban, y ganar.

Bueno, nosotros tenemos un Hermano Mayor, ¿verdad?, Su nombre es Jesucristo. Él está ahí cuando lo necesitamos para que pelee por nosotros. Él se enfrentará a cualquier enemigo en nuestra defensa y siempre ganará, ya que Él es mucho mayor que cualquier enemigo que pueda venir en nuestra contra.

> *Porque lo insensato de Dios es más sabio que los hombres, y lo débil de Dios es más fuerte que los hombres.*   1 Corintios 1:25

Sin embargo, hay un problema: no le pediremos ayuda si nos negamos a creer que la necesitamos. No buscaremos ayuda a menos que nos demos cuenta de que necesitamos que alguien venga a rescatarnos.

Creo que la razón por la que la gente no ora, no clama al Señor y no confía en Él es que no está totalmente convencida de que es débil. Una persona hace cualquier cosa por obtener ayuda sólo cuando se da cuenta de que está en problemas y de que necesita ayuda desesperadamente.

Generalmente no consideramos a la debilidad como algo bueno; nuestra sociedad no valora la humildad. Admitir que se necesita el apoyo de otros o de Dios es visto como un signo de que la persona tiene algún tipo de deficiencia y de que no tienen la suficiente independencia. Sin embargo, Dios no lo ve así:

> *Sino que lo necio del mundo escogió Dios, para avergonzar a los sabios; y lo débil del mundo escogió Dios, para avergonzar a lo fuerte.*
>
> 1 Corintios 1:27

Dios escogió lo «*débil del mundo*». Si eres débil y sientes que no podrás lograrlo por ti mismo sin la ayuda del Señor y de Su pueblo, entonces, Dios te ha escogido para asombrar a aquellos que se creen fuertes. Él dijo:

> *Diga el débil: Fuerte soy.*   Joel 3:10

Según Dios, la debilidad es fuerza. Esto no tiene sentido para la mente del inconverso, pero debemos darnos cuenta de que sólo cuando aceptamos nuestras debilidades, el Señor puede mostrar Su poder en nosotros.

Examina tu vida y reconoce que eres débil y acepta que sólo Dios es tu fortaleza; no puede haber hipocresía ni presunción en el Reino de Dios. Cuanto más pronto nos demos cuenta de que no somos nada sin el Señor, más nos aferraremos a Él en sumisión y fidelidad; cuanta más conciencia tengamos de que nuestra vida está vacía sin Dios, más le permitiremos tomar el control, la autoridad y soberanía de nuestra vida.

Los conejos son débiles, pero no intentan esconder este hecho. Desgraciadamente, muchos cristianos aparentan ser fuertes cuando en realidad han sido derrotados por el enemigo. Nunca tendrás victoria sobre ese tipo de hipocresía hasta que te des cuenta de tu verdadera condición. Una vez que aceptes el hecho de que eres débil empezarás a experimentar victoria en abundancia. Cíñete de la humildad necesaria para enfrentar tus fallas y cuando lo hagas el Señor te levantará:

Humillaos, pues, bajo la poderosa mano de Dios, para que él os exalte cuando fuere tiempo.

1 Pedro 5:6

Cuando somos débiles podemos experimentar el poder de Dios y Su habilidad de obrar en nuestra vida. Nuestros momentos de debilidad nos permiten experimentar la obra sobrenatural de Dios más claramente. Cuando somos fuertes tendemos a depender de nuestra fuerza y habilidad. Tal y como los conejos, necesitamos saber en donde está nuestro refugio verdadero.

Como los conejos, debemos darnos cuenta de lo insignificantes que somos cuando estamos alejados de la Roca; cuando nos escondemos en la Roca encontramos nuestra verdadera valía. Escondernos en la Roca nos permite cumplir con nuestro verdadero destino.

6

REFUGIÉMONOS EN LA ROCA

Dios es nuestro amparo y fortaleza, nuestro pronto auxilio en las tribulaciones.   Salmo 46:1

Como vimos el conejo es un animal débil al que los predadores buscan y debido a qué no tiene manera de defenderse, sobrevive entre las rocas, dónde es difícil de localizar y de atrapar.

Debemos aprender de la sabiduría del conejo. También nosotros somos perseguidos por un enemigo al que le encantaría devorarnos y así como el conejo, debemos conocer nuestro lugar de refugio.

Los montes altos para las cabras monteses; Las peñas, madrigueras para los conejos.   Salmo 104:18

«*Los montes altos*» se refiere a los lugares de orgullo y autoexaltación que hay en nuestra vida; en estos lugares prima nuestra propia fuerza y no la de Dios. Este es el lugar en donde moran las cabras monteses. En la Palabra de Dios las cabras son muchas veces el símbolo del pecado. El Señor, por medio de Moisés, indicó a Israel que el sacerdote debía tomar dos machos cabríos:

Y echará suertes Aarón sobre los dos machos cabríos;
una suerte por Jehová, y otra suerte por Azazel. Y
hará traer Aarón el macho cabrío sobre el cual ca-
yere la suerte por Jehová, y lo ofrecerá en expiación.
Mas el macho cabrío sobre el cual cayere la suerte
por Azazel, lo presentará vivo delante de Jehová
para hacer la reconciliación sobre él, para enviarlo
a Azazel al desierto.   Levítico 16:8-10

Las cabras monteses son difíciles de atrapar y no es fácil entrenarlas o domesticarlas. Son muy rápidas y fácilmente pueden evadir el ser capturadas en los montes altos. Debido a que son salvajes van a donde quieren cuando se les antoja.

Esto sucede también dentro de cada uno de nosotros: hay cabras salvajes en las colinas de la autoexaltación en nuestra vida, son los pecados que nos parecen tan difíciles de manejar. Pueden ser actitudes o pecados de la mente, que van caprichosamente a donde ellos quieren y que son muy difíciles de atrapar y manejar.

No debemos ser cabras monteses, en lugar de esto debemos ser conejos que viven en su lugar de refugio, debemos aferrarnos a la Roca que es el Señor Dios. Entonces será difícil para cualquier enemigo el atraparnos.

Como el conejo, debemos estar camuflados, es decir, debemos parecernos tanto a nuestro Refugio que cuando otros nos miren, vean siempre la Roca. Debemos ser tan parecidos a Él, que estemos escondidos, camuflados en Él. El salmista proclamó:

Tú eres mi refugio; me guardarás de la angustia; con
cánticos de liberación me rodearás.   Salmo 32:7

Dios es nuestro «refugio», podemos correr a Él y encontrar refugio; Él es nuestro lugar secreto de refugio y seguridad. Como el conejo corre a su madriguera, así también nosotros podemos acudir a Dios:

> *Torre fuerte es el nombre de Jehová; a él correrá el justo, y será levantado.*   Proverbios 18:10

Dios creó al conejo con la habilidad de esconderse entre las piedras y de mimetizarse con ellas; de esta forma resulta difícil de detectar. Si un conejo se mantiene quieto entre las rocas, su enemigo no puede devorarlo debido a que está camuflado. Así, aunque se encuentre a la vista está escondido a los ojos de su enemigo. ¿Pero, qué de nosotros? ¿Cómo es que podemos camuflarnos? ¿Cómo podemos escondernos en el Señor? Pablo escribió:

> *Sino vestíos del Señor Jesucristo, y no proveáis para los deseos de la carne.*   Romanos 13:14

«Vestirse del Señor Jesucristo» es ponernos nuestro camuflaje; éste es el medio de estar escondidos. Nuestra meta es llegar a ser tan parecidos a Cristo, que cuando otros nos miren, no nos vean a nosotros, sino a Él.

Por favor, no lo malentiendas; en realidad, no nos convertimos en pequeños cristos, así como los conejos no se convierten en pequeñas piedras. Si un predador, tal vez un lobo, huele el rastro del conejo, sabrá que éste está ahí, aunque no pueda verlo. El predador no está engañado creyendo que el conejo se ha convertido en una roca. Pero, ¿para qué atacaría un lobo un montón de rocas con la esperanza de capturar un pequeño conejo? El conejo se sirve de la dureza de la roca y de sus bordes irregulares y afilados para defenderse. Ningún lobo atacaría una roca solo porque haya un conejo escondido debajo de ella.

De la misma manera, debemos estar escondidos en Dios. El enemigo sabrá que estamos ahí pero no tratará de atacar a Dios con la esperanza de sacarnos de nuestro Refugio. El predador puede estar hambriento, puede gruñir y enfurecerse, pero cuando estamos en nuestro Refugio, nuestra «torre fuerte», el no podrá atraparnos. Si caminamos en arrepentimiento, en pureza y en rectitud, el diablo no tendrá lugar en nosotros.

El diablo puede ser un predador feroz, como Pedro lo describió: anda al rededor *«como un león»*.

> *Sed sobrios, y velad; porque vuestro adversario el diablo, como león rugiente, anda alrededor buscando a quien devorar.*   1 Pedro 5:8

Ya que estamos conscientes de esto, sería tonto alejarnos de nuestro refugio; no tendría sentido permitirle al enemigo hacer de nosotros su presa. Debemos resistir al diablo en nuestra debilidad y entonces, algo maravilloso sucederá: cuando resistimos al enemigo en nuestra debilidad entonces el Señor se convierte en nuestra fuerza. El enemigo, aquel que gusta de aparecer como un león, puede pensar que está persiguiendo a un pobre conejito que se escabulle entre las rocas para encontrar un lugar seguro; ¡pero su carcajada de triunfo se convertirá en un grito de terror cuando el León de Judá salte desde una roca en nuestra defensa!

Deja que el León de Judá ruja en ti, se levante y se manifieste a través de ti. La Biblia nos dice que la batalla no es nuestra sino de Jesucristo, quien luchará en favor de Su pueblo. Somos parte de un ejército, y los miembros de un ejército, luchan las batallas juntos.

De hecho, nuestro Señor ya ha derrotado al enemigo; ya lo ha puesto bajo Su poder, dominio y autoridad. Si eres débil, confía en Aquel que es tu Fortaleza; huye a la Roca y al lugar de refugio. No te quedes en Él solamente cuando veas al enemigo venir; aprende del conejo, mora en la Roca, permanece en Jesús, habita en tu lugar de refugio. Has del Señor Dios tu habitación y estarás seguro del enemigo.

El permanecer en el Señor es una certeza que se manifiesta claramente en las Escrituras; es como una invitación continua a morar en Él:

> *Señor, tú nos has sido refugio de generación en generación.*   Salmo 90:1

> *El que habita al abrigo del Altísimo, morará bajo la sombra del Omnipotente.*   Salmo 91:1

> *Mis ojos podré en los fieles de la tierra, para que estén conmigo; El que ande en el camino de la perfección, éste me servirá.*   Salmo 101:6

> *Permaneced en mí, y yo en vosotros. Como el pámpano no puede llevar fruto por sí mismo, si no permanece en la vid, así tampoco vosotros, si no permanecéis en mí.*   Juan 15:4

¿Eres débil? Entonces escudriña Su Palabra. Vez tras vez el Señor se da a conocer a nosotros a través de Ella. Él es nuestra Fuerza, Victoria, Gozo y Confianza. Él es nuestro Defensor, Refugio y Escondite. Él es nuestra Fortaleza y nuestro Lugar Seguro; en Él estamos protegidos y seguros. Todas las cosas que necesitamos fluyen de Dios, pues, Él es la Fuente.

Con demasiada frecuencia nuestra vida se parece a las arenas del desierto que cambian de un sitio a otro arrastradas por el viento ya que las circunstancias que nos rodean cambian constantemente. Lidiamos con nuestro trabajo, nuestro horario apretado, con mantener a nuestra familia. Tratamos de fomentar nuestra relación con los amigos y la familia en la fe; además, tratamos de crecer en el Señor, de tener una vida de oración consagrada, y de aprender más de la Palabra para ministrar a otros como Dios lo manda. La vida, puede ser agobiante, a veces, pero cuando lo sea, tenemos un lugar a donde acudir:

> *Desde el cabo de la tierra clamaré a ti, cuando mi corazón desmayare. Llévame a la roca que es más alta que yo.*   Salmo 61:2

Como el conejo, debemos huir a la Roca para encontrar seguridad y refugio. La roca es estable, sólida, firme, fuerte y segura. Las rocas en donde el conejo vive son permanentes, no son fácilmente desplazadas o arrastradas.

Yo también necesito un escondite que sea permanente, un refugio que sea seguro; es decir, que no tenga que correr detrás de él para encontrarlo; necesito una morada segura que esté a mi disposición en el tiempo de mi necesidad.

Puedo refugiarme en la Roca, en la presencia del Señor mi Dios; éste es mi lugar de refugio y sanidad; y también puede serlo para ti.

Vivimos en un mundo difícil, caótico y lleno de dolor, pero podemos escapar cuando corremos a la presencia del Señor:

> *Me mostrarás la senda de la vida; en tu presencia hay plenitud de gozo; delicias a tu diestra para siempre.*   Salmo 16:11

Jesús es inmutable, Él es la Roca de los tiempos. Fue «tentado en todo, pero no pecó». La tumba no pudo detenerlo y la cruz no pudo terminar con Él. Jesús fue resucitado de los muertos y está vivo para siempre. Verdaderamente, podemos confiar en Él, ya que Él es nuestra Fortaleza y Libertador:

> *El eterno Dios es tu refugio, y acá abajo los brazos eternos; Él echó de delante de ti al enemigo, y dijo: Destruye.*   Deuteronomio 33:27

El Dios eterno es nuestro Protector y si somos débiles, nos sostienen Sus *«brazos eternos»*. El profeta Isaías lo confirma:

> *No temas, porque yo estoy contigo; no desmayes, porque yo soy tu Dios que te esfuerzo; siempre te ayudaré, siempre te sustentaré con la diestra de mi justicia.*   Isaías 41:10

Siéntete gozoso si estás enfrentando una crisis y si Dios te está haciendo ver tus debilidades, regocíjate ya que ésta es la oportunidad de que Dios revele Su poder en ti y a través de ti. Es justamente en la oscuridad donde la gloria de Dios puede brillar en todo su esplendor:

> *Porque él me esconderá en su tabernáculo en el día del mal; me ocultará en lo reservado de su morada; sobre una roca me pondrá en alto.*   Salmo 27:5

El Tabernáculo era parte del Templo y la gloria de la presencia del Señor habitaba en él. ¡Es tan bueno saber que cada vez que enfrentemos dificultades el Señor nos esconderá en Su Tabernáculo, en Su Gloria, en Su unción, presencia, gracia y poder!

Servimos a un Dios grandioso y la unción de Su presencia será nuestro escondite cuando los problemas vengan. Él está listo para mostrar Su poder en favor del pueblo que Él ha llamado a Su presencia. Somos bendecidos al ser parte del grupo de personas que pueden esconderse en Él.

Dios nunca llega demasiado tarde ni tampoco está apurado; siempre llega a tiempo, Él está con nosotros en nuestros momentos difíciles, cuando estamos en peligro y cuando tenemos necesidad. David proclamó:

> *Dios es nuestro amparo y fortaleza, nuestro pronto auxilio en las tribulaciones. Por tanto, no temeremos, aunque la tierra sea removida, y se traspasen los montes al corazón del mar; aunque bramen y se turben sus aguas, y tiemblen los montes a causa de su braveza.*   Salmo 46:1-3

Él es nuestro «pronto auxilio»; no importa lo que los expertos, economistas, políticos o los medios de comunicación digan, cualquiera que sea la crisis, Dios nos protegerá. En la presencia del Señor no hay necesidad o carencia. Encontrarás tu refugio y protección en Dios. Confíate a los brazos del Señor.

La Biblia nos dice que Jesús lloró por Jerusalén y clamó:

> *¡Jerusalén, Jerusalén, que matas a los profetas, y apedreas a los que te son enviados! ¡Cuántas veces quise juntar a tus hijos, como la gallina a sus polluelos debajo de sus alas, y no quisiste!*   Lucas 13:34

¡Qué tragedia para la gente de ese tiempo! Jesús dijo: «*¡Cuántas veces quise juntar a tus hijos… y no quisiste!*» No cometamos este mismo error. Deja que el Señor te acerque a Él, ven bajo las alas de la presencia de Dios; déjate cubrir por la unción de Su poder y los dones de Su gracia. Sé cubierto por la sangre y la vida del Señor Jesús. Sólo Él puede ser un verdadero refugio, todos los demás fallarán. No hay nada más en lo que podamos confiar, nadie es infalible. Sólo Dios puede mantener Su promesa de seguridad y paz. Él y sólo Él es nuestra Roca.

Dios ha prometido que cuando estemos en problemas y acudamos a Él, enviará a Sus ángeles para salvarnos y librarnos. Podemos experimentar seguridad, paz y contentamiento en Dios como un niño las experimenta en los brazos de sus padres:

> *Mas a todo los que le recibieron, a los que creen en su nombre, les dio potestad de ser hechos hijos de*

Dios; los cuales no son engendrados de sangre, ni
de voluntad de carne, ni de voluntad de varón sino
de Dios.   Juan 1: 12-13

Pero cuando vino el cumplimiento del tiempo, Dios
envió a Su Hijo, nacido de mujer y nacido bajo la
ley, para que redimiese a los que estaban bajo la ley,
a fin de que recibiésemos la adopción de hijos. Y por
cuanto sois hijos, Dios envió a vuestros corazones
el Espíritu de su hijo, el cual clama: ¡Abba Padre!
                                        Gálatas 4: 4-6

Cuando nacemos de nuevo entramos a formar parte
de la familia de Dios. Debemos ser como un niño pequeño que va a donde su padre lo lleve, en tanto que éste
sostenga su mano. Como un niño que se ha lastimado la
rodilla busca refugio y seguridad en los brazos de su madre, nosotros debemos buscar refugio en nuestro Padre
cuando hayamos sido heridos. Así como un padre, Dios
nos abrazará mientras limpia y cura nuestras heridas;
Él nos hablará amorosamente mientras nos consuela. Su
amor y cuidado para nosotros son como los de un padre
para su hijo y así como los niños confían en su padre,
podemos confiar en Él sin reserva.

¿Qué es lo que Jesús nos dice?:

Venid a mí todos los que estáis trabajados y cargados, y
yo os haré descansar. Llevad mi yugo sobre vosotros, y
aprended de mí, que soy manso y humilde de corazón;
y hallaréis descanso para vuestras almas; porque mi
yugo es fácil, y ligera mi carga.   Mateo 11:28-30

Estás en los brazos de Aquel que te amó «*con amor eterno*», del Dios que te ha llamado a ser Su hijo, Su hija. Recuerda que tu Padre es el Dador, da a Sus hijos buenas dádivas y no es avaro o egoísta. Su naturaleza es dar en lugar de recibir, ministrar más que ser ministrado.

No importa qué estés pasando, recuerda que tu padre que está en los cielos es tu escondite; en Él encontrarás seguridad, tranquilidad y un dulce descanso. Sin importar qué dificultad sea, corre rápidamente, como el conejo, a «*la Roca que es más alta que [tú]*». Su amor por ti perdurará siempre, es siempre fresco y nuevo:

Dios no se olvida de nosotros ni nos abandona. Su Palabra promete que siempre nos recibirá en Sus brazos:

Porque él dijo: no te desampararé, ni te dejaré.

Hebreos 13:5

Enseñándoles que guarden todas las cosas que os he mandado; y he aquí yo estoy con vosotros todos los días, hasta el fin del mundo. Amén.

Mateo 28:20

El Señor está siempre con nosotros para protegernos en nuestras debilidades debido a que nos ama grandemente. No te hagas culpable de huir del Señor. Corre al Él; huye de tu debilidad a Su fortaleza: huye de tu enfermedad pues Él es tu sanidad; huye de tus problemas pues Él tiene la solución. Acude al Señor, aférrate a Él y Su amor te protegerá y guardará.

A los ojos del enemigo eres insignificante y estás desvalido y tratará de intimidarte al hacer que te compares con él. Pero no te compares con nada ni nadie y pon tus ojos en la Roca, encuentra, así, valía en Él.

Sin la Roca no eres nada pero en Él puedes hacer todas las cosas. Con Su protección no puedes fallar.

Aprende de la sabiduría del conejo: Él es débil y está limitado, pero sabe en donde esconderse. Acude a tu Refugio, reconoce que la Roca es tu fortaleza y corre rápidamente hacia Él.

[1] Aquí «nada esforzado» quiere decir «débil».

LA LANGOSTA

7

DESCUBRAMOS EL PODER

DE LA UNIDAD

Las langostas, que no tienen rey, y salen todas por cuadrillas.   Proverbios 30:27

¡Es increíble que estas criaturas tan insignificantes puedan avergonzar a la iglesia! Las langostas *«no tienen rey»*, ni líder ni capitán; no tienen pastor o ancianos o diáconos o inspectores y tampoco tienen profesores de la escuela dominical o ujieres. Sin embargo, poseen algo que, penosamente, parece faltarle a la iglesia, algo por lo que Cristo oró al final de Su ministerio en la tierra: la unidad de los creyentes.

No hay nadie que les diga a las langostas qué hacer o que les de instrucciones; aun así, ellas trabajan y viajan juntas. Nadie se queda fuera: *«salen todas por cuadrillas»*. Las langostas son el equipo modelo, pues tienen unidad de propósito, una visión común y saben como trabajar en equipo.

Las langostas se mueven como si fueran un solo ente. Nunca he visto un grupo de langostas que discuta la dirección que debe tomar el grupo ni las he visto sometiendo a votación sus decisiones. Son el modelo del trabajo en grupo. Si estas criaturas son capaces de funcionar de esta manera, los humanos deberían ser capaces de ser aun mejores.

A pesar de que las langostas no tienen rey, avanzan en unidad y trabajan juntas en armonía. Necesitamos desesperadamente estas cualidades en el Cuerpo de Cristo. Tenemos pastores, ancianos, comités, juntas, presbíteros y directores de departamento; tenemos a tanta gente cuyo trabajo es asegurar que haya una visión y propósito comunes y, aun así, no podemos llevarnos bien y el Cuerpo de Cristo está dividido.

Las langostas no tienen estos problemas; sus creencias, doctrina y diferencias en personalidad no las dividen. De hecho, es difícil encontrar a una langosta sola. Parece que entienden una verdad que la Iglesia todavía no ha comprendido: solas no pueden hacer mucho. Al estar solas tienen muy poco impacto y no tienen poder para cambiar nada. Pero cuando viajan en grupo, es totalmente diferente; llagan como un batallón y devoran todo lo que está a la vista. Debido a que son un grupo numeroso, pueden conseguir cambios importantes. Su impacto será visto y temido por todos.

La langosta sola no es nada, pero en grupo ya es alguien. En la unidad hay fuerza y poder y está contenida la habilidad para llevar a cabo la visión común. Cuando estamos unidos nadie trabaja demasiado ya que todos ayudan a cumplir con la responsabilidad de mantener el orden, la paz y la unidad en la familia.

Hermanos, es tiempo de que nos levantemos y unamos. Cuando esto suceda tu fuerza será mi fuerza, y mi fuerza será la tuya. Nadie es débil porque cada uno suple lo que le falta a los demás miembros. Debemos vivir nuestra vida como una comunidad y una familia.

Examina tu vida: ¿Hay acaso alguna barrera que te impide tener una comunión más profunda con otros creyentes? ¿Qué es lo que te detiene? Muchas veces se trata de un pecado del pasado, un cadáver escondido en el armario. Tememos que los demás puedan vernos como «realmente» somos. Pero si le has entregado esto al Señor Jesús y les has permitido que te limpie con Su sangre; entonces ese cuerpo desaparecerá del armario, Dios lo habrá destruido. No tenemos nada que temer ni nada que esconder.

Puedo abrir la puerta de mi vida y dejarte entrar, y lo único que verás será a Jesús. Claro que sí tengo debilidades, limitaciones, incapacidades, pero si entras a mi vida te darás cuenta de que la suficiencia de la gracia de Dios, que obra en mí, suple todo lo que me falta. Te maravillarás de que a pesar de mi debilidad Dios se haya convertido en mi suficiencia. Él está obrando en mi vida para Su honra y gloria. A pesar de los defectos, podemos ver la gracia de Dios obrando en la vida de cada creyente.

No critiques, en lugar de eso, ayuda a la gente a sobreponerse a sus fallas y debilidades; no hundas a tus hermanos, sino levántalos. Formamos parte del mismo Cuerpo y somos una sola familia.

Por lo general, todos hacen «lo que es recto a sus propios ojos»; cada uno va en una dirección diferente. Hay un espíritu de independencia que fomenta o desalienta este tipo de relaciones. La siguiente es una actitud muy generalizada en la iglesia: «Si no te molesto, tampoco tú me molestas; si me dejas en paz, yo también lo haré». Sin embargo, esta concepción es diabólica, así también la tan clásica pregunta: «¿Por qué no te ocupas de tus propios asuntos?»

Hay algo que debes saber: eres miembro del Cuerpo de Cristo, debo importarte y tú debes importarme; más nos vale a ti y a mí cuidar el uno del otro.

Si somos parte del cuerpo de Cristo estamos unidos unos a otros. Pablo lo explicó en una carta que le escribió a la iglesia en Corinto:

> *Porque así como el cuerpo es uno, y tiene muchos miembros, pero todos los miembros del cuerpo, siendo muchos, son un solo cuerpo, así también Cristo. Porque por un solo Espíritu fuimos todos bautizados en un cuerpo, sean judíos o griegos, sean esclavos o libres; y a todos se nos dio a beber de un mismo Espíritu. Además, el cuerpo no es un sólo miembro, sino muchos. Vosotros, pues, sois el cuerpo de Cristo, y miembros cada uno en particular.* 1 Corintios 12:12-14 y 27

Como creyentes somos todos miembros de un mismo cuerpo y Cristo es la cabeza. Debido a esto los unos deben preocuparse por los otros y la empatía debe unirnos. Pablo escribió acerca de esto cuando hizo una descripción de cómo debe funcionar el Cuerpo de Cristo.

> *De manera que si un miembro padece, todos los miembros se duelen con él, y si un miembro recibe honra, todos los miembros con él se gozan.*
>   1 Corintios 12:26

Lamentablemente, hay una falta de solicitud entre hermanos en el Cuerpo de Cristo. Si no tenemos interés el uno por el otro ni nos apoyamos mutuamente, ni nos animamos uno al otro, esto es evidencia de que realmente no estamos caminando juntos en amor. El no caminar en amor, da pie a la discordia y donde hay discordia, el Cuerpo de nuestro Señor está dividido.

¡Esto no agrada al Señor! No debemos dividir el Cuerpo, la Iglesia; debemos caminar juntos en amor y entender que el Señor nos unió el uno al otro de manera sobrenatural. Debemos ser como si fuéramos uno solo, funcionar en unidad, cuidar el uno del otro y considerar a los demás como más importantes que nosotros mismos.

> *Nada hagáis por contienda o por vanagloria; antes bien con humildad, estimando cada uno a los demás como superiores a él mismo.*   Filipenses 2:3

Debemos considerar a los demás como más importantes o «*superiores*» a nosotros. Pero, ¿por qué hacerlo? ¿Será acaso para hacernos sentir inferiores? De ninguna manera; debemos hacerlo para que podamos adquirir un concepto adecuado de nosotros mismos y para evitar que nos engrandezcamos como si fuéramos más de lo que en realidad somos.

Un problema al que muchas iglesias locales se enfrentan a este respecto es que dentro de la iglesia se forman pequeños grupos, pero éstos no contribuyen a la edificación de la iglesia. Estos grupos están formados por personas que tienen algo en común y que se unen para mantener a otros fuera de su pequeño círculo. Otro nombre para este tipo de grupos es una «asociación exclusivista».

Estas asociaciones dividen a la iglesia y tratan de dictar quien puede relacionarse con quien. La gente que forma parte de estas asociaciones no se da a los demás en la iglesia. ¡Qué Dios ayude al nuevo visitante que quiera fraternizar con ellos! No lo conseguirá, ya que los miembros de estas asociaciones han levantado paredes para evitar que otros ingresen a su grupo. Por lo general hay un espíritu de fariseísmo entre los miembros de estos grupos y pueden tener doctrinas o enseñanzas en torno a las que construyen teologías completas de vida. Aunque no sea evidente, por lo general, la idea de que estos grupos son más espirituales, más intelectuales o de alguna manera mejores que los demás, está presente.

¡Hermanos y hermanas, esto no debería suceder! Debemos considerar a los demás como «*superiores*» a nosotros y no erigirnos como patrones y estándares a ser seguidos. No debería haber barreras en el pueblo de Dios; ya que somos una familia. Dentro de la iglesia no hay ricos ni pobres, no hay estudiados e ignorantes. Somos uno en el Señor. No tratemos de dividir a la Iglesia de nuestro Dios; en su lugar, trabajemos para unificar al Cuerpo de Cristo:

> *Hasta que todos lleguemos a la unidad de la fe y del conocimiento del Hijo de Dios, a un varón perfecto, a la medida de la estatura de la plenitud de Cristo.*
>   Efesios 4:13

Debemos estar unidos, así que animémonos unos a otros y tratémonos con amabilidad, cortesía y compasión. Amémonos unos a otros como Cristo mandó que lo hiciéramos.

Aunque todos formamos parte del mismo Cuerpo, no somos todos iguales, ni tampoco debemos tratar de serlo. Debe haber unidad, pero ésta debe ser la unidad verdadera del Espíritu de Dios, no una falsa unidad basada en la conveniencia.

Como miembros del Cuerpo, tenemos una gran variedad de dones, funciones y responsabilidades.

> *Mas ahora Dios ha colocado los miembros cada uno de ellos en el cuerpo, como él quiso. Porque si todos fueran un solo miembro, ¿dónde estaría el cuerpo? Pero ahora son muchos los miembros, pero el cuerpo es uno solo. Ni el ojo puede decir a la mano: No te necesito, ni tampoco la cabeza a los pies: No tengo necesidad de vosotros.*   1 Corintios 12:18-21

No hay miembros insignificantes en el Cuerpo. Aunque todos somos diferentes, cada uno de nosotros tiene una función específica y debe reconocer su importancia para el funcionamiento apropiado del Cuerpo.

A pesar de que cumplimos diferentes funciones, todos somos importantes en el programa de Dios y cada uno de nosotros sabe que Dios tiene un plan para su vida. Él tiene un destino y Su voluntad es diferente para cada uno de nosotros.

Parte de Su voluntad es que nos interesemos por nuestros hermanos y hermanas en Cristo. Fue Caín el asesino, quien exclamó: «¿Soy yo acaso guarda de mi hermano?» El Espíritu del Señor responde con voz atronadora: «Sí, te he puesto en compañía de otros en Mi Iglesia a fin de que se cuiden unos a otros y de que crezcan en amor. Les he dado el privilegio de tenerse el uno al otro para que empiecen a entender lo que significa vivir en Mi Reino, caminando en unidad y amor … aun si no estás de acuerdo».

Somos responsables los unos de los otros. La Palabra de Dios nos dice como debemos relacionarnos con otros miembros de la familia de creyentes:

Y considerémonos unos a otros para estimularnos al amor y a las buenas obras.   Hebreos 10:24

Amaos los unos a los otros con amor fraternal; en cuanto a la honra, prefiriéndoos los unos a los otros.   Romanos 12:10

Porque vosotros, hermanos, a libertad fuisteis llamados; solamente que no uséis la libertad como ocasión para la carne, sino servíos por amor los unos a los otros.   Gálatas 5:13

Antes sed benignos unos con otros, misericordiosos, perdonándoos unos a otros, como Dios también os perdonó a vosotros en Cristo.
Efesios 4:32

Por lo cual, animaos unos a otros, y edificaos unos a otros, así como lo hacéis.
1 Tesalonicenses 5:11

No dejando de congregarnos, como algunos tienen por costumbre, sino exhortándoos; y tanto más, cuanto veis que aquel día se acerca.

Hebreos 10:25

Este es mi mandamiento: Que os améis unos a otros, como yo os he amado.   Juan 15:12

La Biblia tiene muchos versículos en los que se habla de la relación de «*unos a otros*». Resulta interesante que un buen número de ellos exhorta a los creyentes a «*amarse unos a otros*». Parece que si obedecemos este mandamiento, la obediencia a los demás mandamientos será el resultado natural de la obediencia a este primero.

La enseñanza detrás de estos versículos es que debemos ser capaces de llevarnos bien unos con otros y de trabajar juntos en el Reino de Dios para cumplir Sus propósitos, sin que las personalidades o disputas interfieran en el proceso.

Pero, ¿cómo podemos conseguirlo? ¿Cómo podemos estar «*en paz con todos?*» Ciertamente no es fácil pues esto requiere de sacrificio. Esto se conoce como «*morir a uno mismo*».

No nos gusta pensar en la muerte de nuestra carne. El arrepentimiento y la muerte por lo general no son los temas más populares para los sermones, pero son importantes. A menos que muramos a nosotros mismos y al pecado, a menos que consideremos a los demás por sobre nosotros y a menos que nos arrepintamos y tengamos buenas relaciones con nuestros hermanos y hermanas, no estaremos en capacidad de conocer y experimentar todo lo que Dios tiene para nosotros en la obra del Espíritu Santo. No podemos caminar en unidad con los demás, si no caminamos en unidad con Dios.

Fue Pablo quien escribió en Gálatas acerca de morir a uno mismo:

> *Con Cristo estoy juntamente crucificado, y ya no vivo yo, mas vive Cristo en mí; y lo que ahora vivo en la carne, lo vivo en la fe del Hijo de Dios, el cual me amó y se entregó a sí mismo por mí.*
>
> Gálatas 2:20

La vida crucificada no es simplemente una experiencia que se vive una sola vez; es abandonar cada día la naturaleza carnal que desea hacer según le place; es morir continuamente a uno mismo. Pablo también escribió:

> *Cada día muero.*   1 Corintios 15:31

Esta es la clave para el éxito en la vida cristiana. Es el único medio por el cual podemos caminar en unidad con otros por más tiempo del que nos tome tener la primera desavenencia.

Las langostas no tienen ni al Espíritu Santo ni a la Palabra de Dios para guiarlas; no tienen un lugar para adorar y pastores que velen por ellas y, aún así, tienen un espíritu de unidad y armonía. Las langostas hacen un trabajo de equipo.

Parece que tenemos mucho que aprender acerca del trabajo de equipo. El trabajar en equipo implica dejar a un lado nuestras metas y agendas personales, para buscar el bien del grupo. Para que el equipo triunfe, debe haber un cierto sacrificio personal. Sin embargo, el sacrificio de mis metas y ambiciones vale la pena pues, si el equipo gana, yo también gano ya que soy parte del equipo. Por consiguiente, me cuesta poco el dejar a un lado mis intereses personales en favor del equipo. La individualidad ya no es tan importante, el equipo lo es.

Necesitamos jugadores individuales en el equipo, pero ya no somos individuos, con nuestras metas y gustos individuales, somos un equipo que trabaja en unidad con los ojos fijos en una meta común: ganar. El hacerlo es la obsesión del equipo.

No importa en que posición juguemos, lo que importa, es que trabajemos en unidad con aquellos que Dios nos ha dado como compañeros de equipo. No te sientas desanimado cuando estés fuera del juego por algún tiempo, en esos momentos, busca la obra de Dios en tu vida sabiendo que Él está entrenándote y perfeccionándote; está alistándote para usarte. Manténte listo para ministrar en el momento que se necesite. Todos trabajamos juntos para expandir el Reino de Dios.

Vemos estos principios en acción en muchos deportes en donde el trabajo de equipo es necesario. Estos principios también están en acción en el área de los negocios, ya que, a fin de beneficiar a la compañía se incentiva en los trabajadores la mentalidad del trabajo en equipo. Esta misma mentalidad debería afianzarse en la Iglesia.

Lamentablemente, es común que en la iglesia se compita por alcanzar posición y autoridad. La gente está tan ocupada velando por sus propios intereses que descuida los intereses por los que debería estar velando. También se da un espíritu de competencia: se exalta un ministerio por sobre otro, cuando El único que debe ser exaltado por la iglesia es Jesús. Él es quien murió por nosotros y quien oró fervientemente porque todos los creyentes fueran uno con Él y entre ellos.

Cuando las langostas se mueven, ninguna de ellas está primera o última, se mueven todas juntas. Ninguna empuja ni se apodera de la posición de la otra. Cada una conoce la posición de la otra instintivamente y no hay disputa acerca de esto. Aun sin tener un líder que las ponga en regla, las langostas demuestran disciplina y forman filas organizadamente; para esto no necesitan discutir largamente, ya que las guía una fuerza invisible y común a todas.

Las langostas no son arrogantes, no minimizan a algunos y exaltan a otros. Esto tiene que hacerse una realidad, también, en la vida de la iglesia. Todas las iglesias locales están llenas de gente aparentemente insignificante que pasa desapercibida. Estas personas no están en el escenario, ya que no tienen ninguna posición visible en la estructura de la iglesia. Sin embargo, son importantes tanto para Dios como para la vida de la iglesia. Estas personas están haciendo cosas grandiosas para Dios aunque no reciben el reconocimiento de los hombres.

Buscar ascender y ser reconocidos en la iglesia es algo carnal. Nos comportamos mundanamente cuando nos promocionamos a fin de que se nos asigne a cierta posición. La santidad es totalmente diferente; ésta busca obedecer la voz des Señor, está dispuesta a servir, a animar y a ministrar sin ser reconocida. La gente que tiene un corazón santo hará cosas grandiosas y duraderas en el Reino de Dios.

Por lo general la mayoría de las personas que viven una vida santa no ocupan puestos de importancia o posiciones de autoridad reconocida en la iglesia. Lo que es importante en ellos es que viven una vida de fe, son gente integra y honesta; muchas veces, más que aquellos que ocupan los puestos de liderazgo.

Aunque estén calificadas para hacerlo, las personas que viven en santidad, no buscan una posición, el reconocimiento o el aplauso, más bien, su corazón se inclina a servir al Señor. Creo que si hubiera más gente como ésta en nuestras iglesias hoy en día, habría mucha más unidad y experimentaríamos más armonía. También experimentaríamos un avivamiento y nuestras iglesias se llenarían de gente.

¿Podemos adquirir esta sabiduría y apropiarnos de la santidad? ¿Podemos abandonar las discusiones infructuosas y el deseo de alcanzar una posición y trabajar en unidad con aquellos que Cristo nos ha puesto como compañeros de viaje y de equipo?

Después de la ascensión de Cristo, los discípulos volvieron a Jerusalén como El se los había mandado. Ahí esperaron diez días. ¿Te has preguntado alguna vez la razón por la que los discípulos debieron esperar diez días en el Aposento Alto antes de que el Espíritu de Dios descendiera sobre ellos? Si lo piensas, diez días es mucho tiempo para esperar en un mismo sitio. Creo que durante los primeros días estuvieron juntos «en un solo lugar», pero sólo después de unos días de esperar y orar, también estuvieron «unánimes juntos». Entonces el espíritu descendió sobre ellos. Personalmente creo que si no hubieran adquirido unidad de espíritu, el poder de

Dios no se habría manifestado. Hay poder en la unidad.
La Palabra de Dios dice:

> *Otra vez os digo, que si dos de vosotros se pusieren*
> *de acuerdo en la tierra acerca de cualquier cosa que*
> *pidieren, les será hecho por mi Padre que está en los*
> *cielos.*   Mateo 18:19

Hay poder en la unidad. Dios te honra cuando tu corazón está unido a tu hermano. La unidad en santidad
trae la unción del Señor:

> *¡Mirad cuán bueno y cuán delicioso es habitar los*
> *hermanos juntos en armonía! Es como el buen óleo*
> *sobre la cabeza, el cual desciende sobre la barba, la*
> *barba de Aarón, y baja hasta el borde de sus vesti-*
> *duras.*   Salmo 133:1-2

Como a las langostas, Dios nos ha diseñado (somos Sus
«nuevas criaturas») para «habitar juntos en armonía» No
siempre nos damos cuenta de esto ni nos comportamos así,
pero Él nos ha dado Su vida, Su Espíritu, Su Palabra, Su guía,
todo lo que necesitamos para poder vivir de esta manera.

Las personas independientes tienen mucho que aprender. Pueden lograr algo por su cuenta pero si se unieran
a otros, podrían hacer mucho más.

Debemos preocuparnos los unos por los otros en el
Cuerpo de Cristo y satisfacer las necesidades de los demás, mientras trabajamos juntos por conseguir el plan y
el propósito de Dios. En lugar de criticar y ver las faltas
de los demás, debemos orar por nuestros hermanos y
hermanas:

Bienaventurado el varón que no anduvo en consejo de malos, ni estuvo en camino de pecadores, ni en silla de escarnecedores se ha sentado. Salmo 1:1

Somos *«bienaventurados»* si no nos *«sentamos en silla de escarnecedores»*, minimizando a los demás y criticando a nuestros hermanos y hermanas. Sin embargo, las críticas son muy comunes: «¿Oíste el último sermón? Nunca entiendo lo que trata de decir. Me pregunto si algún día predicará bien». «Ojalá no la hubieran asignado a cantar ese solo, sé que yo podría hacerlo mejor». O la tan popular frase: «¿Podrías orar conmigo por esta situación? No se lo digas a nadie pero…»

Hermanos y hermanas, estas cosas no deberían suceder entre nosotros. ¡Nuestras palabras pueden desmembrar el Cuerpo del Señor!

Cuando haces o dices algo en contra de un miembro del Cuerpo, te lo haces a ti mismo. No hay manera de que te puedas separar de este todo y prosperar. Es responsabilidad de los fuertes animar a los débiles y no hundirlos del todo.

Deja de buscar el reconocimiento y la posición pues todos estos problemas se derivan de esta actitud. Cuando queremos que los demás reparen en nosotros, que nos aprueben y nos admiren, actuamos como el hombre natural y no como una persona santa.

Cuando pienso en quien soy en Dios, realmente no me importa el reconocimiento de los demás. Lo que soy en Él es suficiente para llenarme de gozo. Él es suficiente cuando hago memoria y veo el lugar en donde me encontró, también lo es cuando me doy cuenta de hasta donde me ha traído y a donde me está llevando ¡Cuán emocionante es esto!

No necesito que la gente me adule para saber que soy importante y lo valioso que soy para Dios. No busco el reconocimiento porque sé que Dios ya me lo ha dado. No tengo afán de alcanzar una posición porque sé que Dios me pondrá en la mejor posición posible: estoy «sentado en los lugares celestiales con Cristo Jesús» (Efesios 2:6); ¡No hay mejor posición que ésta!

Cuando caminemos en unidad, armonía, consenso y cuando trabajemos unánimes, todos juntos, entraremos a un nuevo mundo lleno de las posibilidades que tenemos en Dios. ¿Estás listo para entrar en este mundo? ¿Estás dispuesto a morir a ti mismo y a renunciar a tus propios deseos, ambiciones y metas? ¿Estás listo para ser tan sabio como las langostas?

8

TENGAMOS UN SOLO PROPÓSITO

Con toda humildad y mansedumbre, soportándoos con paciencia los unos a los otros en amor, solícitos en guardar la unidad del Espíritu en el vínculo de la paz; un cuerpo, y un Espíritu como fuisteis también llamados en una misma esperanza de vuestra vocación; un Señor, una fe, un bautismo, un Dios y Padre de todos, el cual es sobre todos, y por todos, y en todos. Efesios 4:2-6

Es bueno caminar en unidad preocupándonos los unos por los otros y poniendo a los demás en primer lugar. Hay un aspecto más de la unidad que la langosta puede enseñarnos: el tener unidad de propósito. El profeta Amós preguntó:
¿Andarán dos juntos, si no estuvieren de acuerdo? Amós 3:3

El tener buenas relaciones y el amarnos los unos a los otros no nos beneficia si no vamos a ningún lado. Algunos grupos parecen especializarse en este tipo de relación.

Una vez que las relaciones se han establecido, que los ministerios están funcionando y las necesidades de todos están siendo satisfechas, estas personas suspiran aliviadas y entran en un estado de conformismo: nada nuevo sucede, nadie busca alcanzar a los perdidos y nadie le pide al Señor nuevas instrucciones para la Iglesia. Esta gente simplemente lucha por mantener lo que ha logrado. Una iglesia como ésta puede verse muy bien pero en realidad no está yendo a ninguna parte.

Debemos ser gente de visión, gente de propósito y ser aquellos que se enfoquen en cumplir lo que el Señor les ha encomendado. Si no tienes visión ni un destino definido tropezarás en la oscuridad, serás como un bote sin vela, arrastrado por el mar de la vida y esto es muy peligroso.

Las langostas tienen un propósito común y conocen su destino a pesar de no tener un líder. Se concentran en un propósito: encontrar algo sustancioso que comer. El grupo en su totalidad persigue este propósito común.

Aunque nadie les dice que hacer, las langostas están de acuerdo pues siguen lo que su instinto y sus sentidos les dictan; ponen su confianza en un "conocimiento" interno, una "voz" interna si se quiere. Ellas escuchan los sonidos que acarrea el viento, sienten la dirección de la brisa cuando pasa a su lado y buscan abundancia de comida, lo suficiente para alimentarlas a todas.

Como creyentes podemos aprender del ejemplo de las langostas. Aunque no tenemos un rey humano, podemos salir por cuadrillas a la voz del Espíritu Santo. Al estar alerta a lo que sucede en el mundo que nos rodea y al mirar al Señor, podemos salir como si fuéramos uno.

Cada uno de nosotros tiene un propósito individual, Dios pone en nuestra vida y en nuestro corazón planes y metas individuales, así como destinos específicos. Sin embargo, hay cosas que tenemos en común.

Por ejemplo, sé que la voluntad de Dios para tu vida y la mía es que seamos transformados a la "imagen de su hijo Jesucristo". Nuestro destino glorioso es reflejar la belleza de Cristo Jesús y ser "la luz del mundo". Debemos mantener vivo el sabor de la vida de Cristo en nosotros para que podamos ser "la sal de este mundo". Nuestro destino es ser palabra viva para que el mundo vea a Jesús en nosotros. No se trata de como hablamos sino de cómo vivimos la Palabra de Dios. No importa cuan alto gritemos, lo que cuenta es la pureza con que vivamos nuestra vida.

El Señor llevará estas cosas a cabo en nuestra vida de maneras diferentes, también nos usará en diferentes áreas del ministerio; pero el propósito y meta principales siguen siendo los mismos: debemos ser transformados a Su imagen. ¡Persigamos esta meta! :

> *Prosigo a la meta, al premio del supremo llamamiento de Dios en Cristo Jesús.* Filipenses 3:14

Así como hay un propósito individual para la vida de cada uno de nosotros, hay también un propósito común para la vida de la iglesia local. Toda iglesia debería tener una visión y un propósito para existir, un destino al que pueda fijar el rumbo. Así como hay metas comunes para cada uno de nosotros, también hay visiones que todas las iglesias deberían compartir.

Toda iglesia debería tener como meta el ser un lugar en donde la gente pueda aprender a tener comunión con Dios por medio de la oración y la alabanza. Cada congregación debería ganar a los perdidos; debería capacitar a hombres y mujeres para que salgan a alcanzar a los perdidos a pueblos y ciudades a todo lo largo y ancho de la nación y del mundo. Además, cada iglesia debería discipular a los nuevos creyentes y capacitar a Su gente para que también ésta pueda discipular a otros. Cuando esto suceda todas las iglesias levantarán el nombre de Jesús y demostrarán al mundo que en verdad Él es el Señor.

Todas estas son metas maravillosas que glorifican a Dios, pero no podemos llevarlas a cabo a menos que cada uno de nosotros asuma la misma visión y esté dispuesto a avanzar con ella.

Dios ha formado a cada iglesia local con un propósito, no dejemos que el diablo nos ponga obstáculos para llevarlo a cabo. No permitamos que ninguna ambición personal se interponga en nuestro caminar en unidad hacia la meta.

¿Cuál será la mejor manera de realizar la tarea que Dios nos ha encomendado? Sólo se puede cumplir si caminamos en unidad. Un insecto solo casi no hace ruido al volar, pero cuando una nube de langostas se acerca, hace tanto ruido que todos la oyen venir desde lejos, hasta se podría pensar que el ruido que producen es el de un aeroplano que se acerca. Este es el tipo de impacto que el pueblo de Dios puede tener cuando está unido en propósito y espíritu.

> *Porque el reino de Dios no consiste en palabras, sino en poder.*   1 Corintios 4:20

Debe oírsenos como un ejercito poderoso que marcha a la guerra.

El impacto después del paso de la nube de langostas es notorio: toda vegetación que pudo haber existido, desaparece. La evidencia que dejan a su paso permite ver que las langostas son criaturas poderosas y que la fuente de su fuerza y poder está en la unidad.

Así como las langostas, la fuerza de la iglesia debe basarse en que todos actuemos de común acuerdo. Nuestro poder radica en que seamos de "un solo sentir", en el respeto que tengamos los unos por los otros y en el reconocimiento de los dones de los demás. Debemos tener unidad de propósito, una visión clara y caminar en el nombre del Señor a fin de poner de manifiesto el Reino.

La dirección divina es poder:

> *Donde no hay dirección divina, no hay orden; ¡feliz el pueblo que cumple la ley de Dios!*
>
> Proverbios 29:18
> (Versión Popular: Dios Habla Hoy)

La dirección divina es tan importante para el individuo como para la iglesia. Sin ella moriremos como iglesia o como individuos, ya que, sin una visión clara de lo que la iglesia local debe hacer o del motivo de su existencia, cada miembro irá en una dirección diferente, tratando de hacer lo que él piensa que se debería hacer. Aunque los objetivos de cada miembro pueden ser valiosos, si cada persona tira en una dirección diferente, el cuerpo, al final, se desmembrará. Una visión común permite a los creyentes saber hacia donde se dirigen y a los visitantes, saber si una iglesia local en particular es donde el Señor quiere que ellos se congreguen. Les permitirá saber si sus dones y habilidades pueden ser usados por el Señor en esta iglesia en particular y si pueden compaginar el llamado de Dios a su vida y al ministerio a la forma con que este cuerpo de creyentes alcanza a los perdidos.

Necesitamos orar de la siguiente manera: "Señor llévanos a un lugar en donde podamos ser uno solo, una sola voz, un solo cuerpo". Puede haber muchos miembros y muchas diferencias entre ellos, pero aun así somos un solo Cuerpo. Cuando reconocemos que somos un solo Cuerpo podemos llevar a cabo lo que Dios nos ha llamado a hacer:

> *Finalmente sed todos de un mismo sentir, compasivos, amándoos fraternalmente, misericordiosos, amigables.* 1 Pedro 3:8

"Ámense unos a otros como hermanos". En ocasiones no estamos de acuerdo con esto, pero el amor que sentimos el uno por el otro vence al enojo e impide que la amargura enraíce en el corazón.

Debemos tener interés los unos por los otros y debemos llevar las cargas de los otros.

> *Sobrellevad los unos las cargas de los otros, y cumplid así la ley de Cristo.* Gálatas 6:2

Cuando llevamos estas cargas, siendo solícitos los unos con los otros, el Señor nos une y nos edifica en unidad para ser el Templo donde Él habite.

> *Así que ya no sois extranjeros ni advenedizos, sino conciudadanos de los santos y miembros de la fa-*

> *milia de Dios, edificados sobre el fundamento de los apóstoles y profetas, siendo la principal piedra del ángulo Jesucristo mismo, en quien todo el edificio, bien coordinado, va creciendo para ser un templo santo en el Señor; en quien vosotros también sois juntamente edificados para morada de Dios en el Espíritu.*
> Efesios 2:19-22

Estamos bien coordinados y ya no somos extranjeros, tenemos unidad de propósito y caminamos juntos para cumplir la voluntad del Señor ya que nos hemos apropiado de la visión del Señor para la iglesia local.

Busquemos al Señor para entender lo que Él quiere que logremos en cada localidad y la dirección que cada ministerio debería tener. Caminemos en esa visión mientras Él nos dirige.

Muy frecuentemente, aún si una iglesia tiene un plan general, no hay un consenso de como poner esa visión en marcha. Puede que haya un objetivo, pero nadie ha sentado un camino claro para alcanzarlo; una vez más podemos aprender de la langosta.

Las langostas nunca discuten acerca de la dirección en la que deben ir y no dejan un lugar a menos que todas estén listas para partir; ninguna se queda rezagada.

En toda la Biblia y especialmente en el Nuevo Testamento, se hace énfasis en que seamos uno; somos un cuerpo y debemos movernos como tal. En el mundo de lo físico, podemos darnos cuenta de que algo no marcha bien si vemos a alguien cuyo cuerpo no funciona adecuadamente, tal vez las piernas no tienen un movimiento coordinado, tal vez los músculos del cuello no sostienen la cabeza de manera apropiada, tal vez ocurrió un accidente o una enfermedad afectó a esta persona.

En lo espiritual pasa igual, si los ministerios no funcionan juntos de manera apropiada, o si la iglesia no camina, o si los miembros no se apoyan los unos a los otros, si se ve que el cuerpo no funciona apropiadamente, entonces es evidente que algo no está bien.

Es preciso que además de tener "un solo Cuerpo", tengamos también "un solo sentir" y un sólo propósito. Permitamos que "la mente de Cristo" esté en cada uno de nosotros.

> *No os conforméis a este siglo, sino transformaos por medio de la renovación de vuestro entendimiento, para que comprobéis cuál sea la buena voluntad de Dios, agradable y perfecta.* Romanos 12:2

Todos somos *"miembros los unos de los otros"*:

> *Así nosotros, siendo muchos, somos un cuerpo en Cristo, y todos miembros los unos de los otros.* Romanos 12:5

Cada creyente es parte de los demás creyentes, así que, nos necesitamos los unos a los otros: no podemos vivir solos y no podemos madurar en la vida cristiana si somos ermitaños. Necesitamos a los otros miembros del Cuerpo de Cristo.

¿Te cortarías intencionalmente una mano o un pie? ¿Te parece que puedes vivir sin boca, sin pulmones o sin corazón? Físicamente, necesitamos todos los miembros de nuestro cuerpo, sin importar cuán insignificantes parezcan ser; de hecho, las Escrituras manifiestan:

> *Y a aquellos del cuerpo que nos parecen menos dignos, a éstos vestimos más dignamente; y los que en nosotros son menos decorosos, se tratan con más decoro. Porque los que en nosotros son más decorosos, no tienen necesidad; pero Dios ordenó el cuerpo, dando más abundante honor al que le faltaba, para que no haya desavenencia en el cuerpo, sino que los miembros todos se preocupen los unos por los otros. De manera que si un miembro padece, todos los miembros se duelen con él, y si un miembro recibe honra, todos los miembros con él se gozan.*
>
> 1 Corintios 12:23-26

Algunos miembros parecen ser más importantes que otros, pero todos ellos son importantes para Dios.

El cuerpo necesita todas sus partes, tanto en lo físico como en lo espiritual. Nos necesitamos los unos a los otros, a cada uno se le ha designado un rol, y cada uno es importante para el otro.

¿Alguna vez te has lastimado al tratar de clavar un clavo en un trozo de madera? El dolor es inmediato. ¿Acaso hace el cuerpo una reunión de comité para determinar si debe hacer algo por el pulgar lastimado? Al contrario, de manera inmediata tira el martillo para sostener y aliviar al dedo lastimado. De la misma manera, debemos ser solícitos con los demás, pues son parte del Cuerpo del que nosotros también formamos parte.

Finalmente, estimémonos los unos a los otros como "coherederos" en Cristo. Hay un sólo medio de salvación: Nuestro Señor Jesucristo y la sangre que derramó.

> *Siendo uno solo el pan, nosotros, con ser muchos, somos un cuerpo; pues todos participamos de aquel mismo pan.*   1 Corintios 10:17

Hay un sólo Salvador, una sola verdad, una sola cruz, una sola puerta y una sola vida. Entramos al Reino de Dios mediante la gracia y ninguno de nosotros tiene nada de que enorgullecerse. Debemos dejar a un lado el orgullo y la arrogancia y unirnos para cumplir el propósito de Dios.

¿Pero cómo es que conseguimos unirnos en Dios? Primero, debemos respetarnos mutuamente y considerar a cada persona como una creación única de Dios. ¿Hay alguna persona en tu vida con la que te es difícil llevarte bien? ¿Hay alguien que es inoportuno o dice lo incorrecto en el momento incorrecto? Es probable que haya alguien así en tu vida. Todos en un momento u otro nos encontramos con alguien así, pues el Señor usa este tipo de relaciones para ayudarnos a crecer y madurar. Somos piedras vivas y, a veces, pulir los filos irregulares requiere de la fricción de una piedra contra otra.

Debes saber que es Dios quien pone a estas personas "difíciles" en tu vida. La gente con la que no tienes paciencia y por la que sientes tan poco respeto es tan importante para Dios como tú, que eres el resultado de la imaginación divina. No debemos fijarnos en los errores de la gente y vincularla a esos pecados o errores. Algunos se preguntan: "¿Cómo podría confiar en él? ...conozco los resultados de sus acciones". Debemos perdonarnos y respetarnos los unos a los otros como criaturas a las que Dios ya ha perdonado.

En ocasiones, el respeto que sentimos por los demás se basa en su apariencia: la ropa, las joyas, los accesorios que usan. En ocasiones, nos fijamos en la ocupación de las personas. Pero, ¿importa realmente si una persona es un doctor, un abogado o un conserje? Todos somos hijos de Dios y los creyentes son uno en Cristo, por lo tanto, debemos respetar y amar a todos recibiéndolos y aceptándolos en el nombre del Señor.

El respeto es importante en nuestras relaciones interpersonales. Esto es evidente en los matrimonios, cuando el esposo respeta a la esposa, ella lo respeta a él, hay armonía, amor y compañerismo. ¡En este tipo de hogares, no se darán peleas en donde los platos se usen como proyectiles!

Debe haber respeto entre padres e hijos: el respeto no es solamente de hijos a padres, sino también de padres a hijos. No pienses que los niños no tienen derecho a opinar. Es cierto que los padres son la autoridad, pero esa autoridad se debe ejercer en una atmósfera de amor y cuidado.

Nuestros hijos fueron creados por Dios y Él tiene un destino para ellos. Tenemos dos opciones: ayudarlos a construir su destino y apoyarlos para que lo cumplan o destruir tanto su destino como su vida. Ama y respeta a tus hijos como deberías hacerlo. Edifica a tus hijos y no los destruyas; motívalos y anímalos para que sobresalgan en todo lo que hagan en Cristo. Los hijos son un regalo y bendición de Dios.

Cada uno de nosotros quiere ser respetado ya que esto nos da sentido de dignidad y valía. Sin embrago el respeto es algo que tenemos que ganarnos, no es gratis. Si demuestras que eres digno de respeto, todos te respetarán; si quieres que te respeten, sé respetable. Demuestra integridad de carácter, actúa según lo que dices creer y ten espíritu de humildad en lugar de arrogancia, esto, si quieres ser respetado.

Qué el Espíritu de Dios una a Su pueblo como familia y como congregación para la gloria del Señor, qué todos caminemos como uno solo: uno en visión, uno en unidad y uno en propósito. Qué todos tengamos respeto el uno por el otro y nos demos cuenta de que cada miembro del Cuerpo de Cristo es importante y ha sido creado por Dios. Finalmente, qué todos caminemos en amor de tal manera que traigamos gloria y honra a nuestro Señor.

Jesús dijo:

En esto conocerán todos que sois mis discípulos, si tuviereis amor los unos con los otros. Juan 13:35

Podemos encontrar nuestra valía, tanto como individuos como congregación, en el Espíritu de unidad de propósito y de visión. Al tener el mismo espíritu de unidad que se manifiesta entre las langostas podremos edificar el Reino de Dios en amor. Les digo tanto a los jóvenes como a los viejos: "Puedes hacer un impacto significativo en el mundo al descubrir tu verdadera valía en Dios".

LA ARAÑA

9

Aférrate a tu objetivo.

La araña que atrapas con la mano, y está en palacios
de rey.   Proverbios 30:28

Al Señor realmente deben gustarle las arañas, después
de todo, creó alrededor de cinco mil especies diferentes.
Es decir, que hay tal abundancia de ellas que los cientí-
ficos han determinado que por lo general hay una araña
cerca de nosotros. Sabemos que Dios las hizo con un propósito, no existen solamente para cazar insectos dañinos,
sino para enseñarnos una lección extraordinaria.

La mayoría de la gente considera a las arañas como
seres feos y aun pavorosos. La gente ve muy poca belleza
en las arañas y muy rara vez se las tiene como mascotas.
Además, a pocos les agrada la idea de tener una araña
consigo en la cama. Muchas personas gritan cuando ven
una araña y se alejan corriendo; de hecho, a la mayoría
no les gustan las arañas.

Esta antipatía se refleja en nuestra cultura; por ejemplo,
si se lee en un libro que alguien se comporta "como una
araña" o que su sombra en la pared se ve como una araña, se sabe de inmediato que esta persona no es de fiar:
es una mala persona que tratará de seducir a la víctima
inocente para que caiga en sus garras.

Parte de esta falta de confianza puede deberse a la extraña apariencia de las arañas; a diferencia de los insectos, que tienen tres secciones corporales, las arañas solo tienen dos: cabeza y abdomen, y en lugar de tener seis patas, como los insectos, las arañas tienen ocho.

Las arañas son muy frágiles, sus patas se ven demasiado delgadas para su cuerpo, éstas son inestables y no tienen fuerza. Una araña no puede caminar a menos que inyecte sangre a sus patas para fortalecerlas. Cuando la sangre circula de vuelta, las patas se doblan, ya que tienen muy poco volumen corporal.

Las arañas me recuerdan a los niños mal nutridos, tienen un estomago enorme pero todas las demás partes de su cuerpo son pequeñas y desproporcionadas. A veces me pregunto como las arañas, siendo tan flacas pueden sobrevivir.

A pesar de su mala reputación y fea apariencia la mayoría de las arañas son pequeñas y bastante fáciles de atrapar. Si sus telarañas son violentamente destruidas, las arañas por lo general no tienen la fuerza para permanecer en ellas.

Sin embargo, cuentan con una sorprendente estrategia de autodefensa: si se las confronta o su espacio es amenazado, no se dan por vencidas, no se alejan disgustadas y dicen: «Al fin que no importa tanto». No reconstruyen sus telas dañadas en el mismo sitio, simplemente suben un poco más alto y tienden una nueva red en un lugar más seguro; las arañas se sostienen fuertemente a su hilo.

Hay muy pocos lugares a los que la araña no puede ir. Afianza su hilo y utiliza su habilidad para tejer telas para ir de un lugar a otro. También es buena saltando y trepando; la tela le sirve como una red de seguridad y le permite moverse sin miedo. Si se cae, puede volver a subir sirviéndose de ella.

La araña tiene visión y una meta; me di cuenta de esto cuando era niño. Aveces las arañas tejían sus telas en lugares que no eran convenientes para nosotros así que las quitábamos por la mañana; pero, al día siguiente había una nueva, esto sucedía vez tras vez. Si la destruíamos varias veces, la araña se mudaba a otra esquina, en donde nadie pudiera molestarla, y empezaba a tejer una nueva telaraña.

Las arañas no dejan de tejer sus telas aun si hay obstáculos, oposición o enemigos, debido a que tienen un objetivo. Su visión es trepar lo más alto posible, donde los insectos vuelan libremente.

La Palabra de Dios dice que la araña aun "está en palacios de rey". Las arañas pueden aspirar a vivir en las moradas de los reyes; pueden ser testigos de toda la pompa y gloria que acompaña a la realeza y pueden vivir en el seno de ella.

También nosotros estamos llamados a vivir una vida más alta; no tenemos que estar satisfechos con nuestro nivel actual de realización, podemos aspirar a cosas más grandes. No te contentes con vivir en lugares humildes, estamos llamados a subir a la morada del Rey. ¿Por qué contentarse con sobrevivir en una choza cuando hay un palacio esperando por ti?

El lugar en el que la araña vive con el tiempo será destruido, pero la Biblia nos cuenta de un "palacio" que el Señor está construyendo en la ciudad donde no habrá noche ni oscuridad y en donde "el Cordero" de Dios será la luz:

Y no vi en ella templo; porque el Señor Dios Todo-
poderoso es el templo de ella, y el Cordero. La ciudad
no tiene necesidad de sol ni de luna que brillen en
ella; porque la gloria de Dios la ilumina, y el Cordero
es su lumbrera.   Apocalipsis 21:22-23

Las puertas de esta ciudad estarán hechas de perla
y las calles de oro puro. A fin de entrar a esta ciudad
valdrá la pena soportar la oposición, el sacrificio, la
batalla, el sufrimiento, pero lo más importante será
que lo veremos a Él. Así que, fijemos nuestra mente y
corazón en nuestra meta y recordemos a la araña que
debido a su sueño, a su visión y objetivo puede vivir en
el palacio del rey.

Las arañas son persistentes debido a que cuentan con
una visión y un objetivo. No se sientan en una esquina
a conmiserarse porque su telaraña fue destruida, lo que
hacen es comenzar a construir una nueva red. Las arañas
son persistentes en todo lo que se proponen.

¿Alguna vez has atravesado tiempos difíciles en tu vida
espiritual? Muchos están a punto de decir: "Lo siento,
Señor, pero es demasiado duro, hasta luego". Pero tu vida
será aún más difícil si se la entregas al diablo. No debes
pensar en retroceder; en su lugar, vuélvete al Señor, mira
Su rostro, y busca Su gracia.

Aun si sufres y atraviesas dificultades el Señor está
contigo. Su "gracia nos basta" y "su misericordia es para
siempre". "Nunca te dejará ni te desamparará", sino que
"estará contigo hasta el fin del mundo", aun a través de
todas tus pruebas y sufrimientos.

Pablo escribió a los Tesalonicenses:

*Por lo demás, hermanos, os rogamos y exhortamos
en el Señor Jesús, que de la manera que aprendisteis
de nosotros, cómo os conviene conduciros y agradar
a Dios, así abundéis más y más.*

1 Tesalonicenses 4:1

Tal y como has aprendido a conducirte en el Señor "abunda en este comportamiento". En otras palabras: no te des por vencido y persevera.

Estés o no en el Señor, siempre habrá sufrimiento y también pruebas por las que deberás pasar. Es mucho mejor soportar el sufrimiento en el Señor, que hacerlo sin Él; por consiguiente, sé persistente en la fe, en tu vida de oración, en la lectura y meditación de la Palabra de Dios, en las actividades de la iglesia y en el dar. El día de la cosecha se acerca... si sólo no te das por vencido.

*No nos cansemos, pues, de hacer bien; porque a su
tiempo segaremos, si no desmayamos.*   Gálatas 6:9

Sé uno de los que no desmayan ni se dan por vencidos; aférrate como la araña y no te des por vencido. Aférrate a la vida espiritual y al Señor, porque en el tiempo correcto segarás si te mantienes fiel y constante.

Otra característica de las arañas es que son criaturas pacientes. Pueden esperar durante horas a que un insecto caiga en su red. Hay un tipo de araña que lanza una red para atraparlos; para conseguirlo, debe esperar hasta que su presa esté en el punto justo antes de lanzarla.

Otro tipo de araña hace un hueco y lo cubre con una hoja o paja, o con cualquier cosa que pueda encontrar.

Este está recubierto con su hilo y esto hace difícil que la presa escape. Cuando un insecto se acerca demasiado, la araña lo ataca y se lo lleva a su guarida.

Todos estos métodos de caza requieren de paciencia: paciencia para construir las trampas y para esperar que la presa caiga en ellas.

Por lo general los humanos somos impacientes; por ejemplo, una vez fui a un restaurante; me senté y esperé durante cinco minutos, pero ningún mesero vino a tomar mi orden. Empecé a impacientarme y pensé: "Si no me atiende me voy". Bueno, debo arrepentirme por mi falta de paciencia. El mesero finalmente me atendió y me di cuenta que él había estado atendiendo a otros que habían llegado antes. No tenía motivos para estar tan impaciente, después de todo no me había desmayado del hambre.

A veces oramos con impaciencia e irrumpimos en la presencia del Señor como si fuéramos muy importantes. Presentamos nuestros pedidos delante de Él, luego nos paramos e impacientes damos golpecitos con el pie, esperando que el Señor nos dé la respuesta que esperamos. Este tipo de impaciencia lleva al pecado.

El Señor tiene que desarrollar la virtud de la paciencia en nosotros; a veces se vale de las circunstancias para conseguirlo, pero generalmente se sirve de otras personas. Por lo general se necesita paciencia para manejar las relaciones interpersonales. Si la gente que te rodea te exaspera, o te molesta, si permites que tu enojo se desborde, entonces, necesitas aprender a ser paciente. Estamos rodeados de personas y el Señor las usa para probarnos; quiere desarrollar la virtud de la paciencia en nosotros, ya que, al adquirirla nos pareceremos más a Él.

¿Quieres ser más paciente?, entonces prepárate para recibir algunas lecciones:

> *Y no sólo esto, sino que también nos gloriamos en las tribulaciones, sabiendo que la tribulación produce paciencia.*   Romanos 5:3

Si quieres ser más paciente, necesitarás enfrentar más tribulación. El Señor te bendecirá para que puedas soportar más pruebas, sufrimientos y dificultades. ¿Por qué? ¿Se debe esto a que Él te odia? ¡Por supuesto que no! Todas estas cosas producirán paciencia.

En ocasiones, tu esposo o esposa será motivo de tribulación para ti. A veces puede ser el jefe o los compañeros de trabajo, o el pastor. No importa a quien use Dios, o en que situación te encuentres, muéstrate agradecido que el Señor te está cambiando para que seas más como Él:

> *Hermanos míos, tened por sumo gozo cuando os halléis en diversas pruebas, sabiendo que la prueba de vuestra fe produce paciencia. Mas tenga la paciencia su obra completa, para que seáis perfectos y cabales, sin que os falte cosa alguna.*   Santiago 1:2-4

La paciencia está relacionada a tu capacidad de soportar y ésta, por lo general, se refiere a las circunstancias y experiencias difíciles, como: el sufrimiento, el pasar por dificultades o el ser maltratado. La Palabra de Dios declara:

> *Y seréis aborrecidos de todos por causa de mi nombre; mas el que persevere hasta el fin, éste será salvo.*
>   Mateo 10:22

No es suficiente recibir a Cristo, debemos permanecer en Él, continuar en Él y soportar hasta el fin, entonces seremos salvos. No importa como hayamos comenzado, lo que cuenta es como terminemos lo que hayamos comenzado en Dios en esta vida. Persevera hasta el fin en lo que te has propuesto hacer.

En ocasiones tenemos empeño pero no perseveramos, tenemos suficiente determinación para hoy, pero no somos consistentes en mantenerla hasta el día siguiente. Persevera en tu compromiso y ten paciencia en tu consagración. Ya que le has rendido a Cristo tu vida, manténte firme en esta decisión. Aférrate al Señor Jesucristo, permanece en Él y continúa en Él.

En Filipinas hay pequeñas lagartijas que viven en las casas; vienen para atrapar los insectos que en las noches vuelan alrededor de la luz. Las lagartijas caminan por el techo y son muy buenas atrapándolos. Ellas tienen suficiente sentido común para fijarse bien al techo pues conocen lo que podría sucederles si llegaran a desprenderse. No te sueltes de la mano del Señor, ¡permanece fijo en tu vida cristiana! Mucha gente se suelta de la mano del Señor, por esta razón su vida se destruye y sus sueños se pierden. No te sueltes tan fácilmente, manténte fijo en tu objetivo hasta que lo alcances.

¿Está tu vida fuertemente unida a Cristo? ¿Estás firme en tu compromiso y fe? ¿Tienes una relación sólida con el Señor? ¿Te has establecido en Su gracia y Su amor? ¿Tienes raíces profundas en Él? Si este es el caso, entonces puedes estar de acuerdo de todo corazón con el apóstol Pablo, quien dijo:

¿Quién nos separará del amor de Cristo? ¿Tribulación, o angustia, o persecución, o hambre, o desnudez, o peligro, o espada?... Por lo cual estoy seguro de que ni la muerte, ni la vida, ni ángeles, ni principados, ni potestades, ni lo presente, ni lo porvenir, ni lo alto, ni lo profundo, ni ninguna otra cosa creada nos podrá separar del amor de Dios, que es en Cristo Jesús Señor Nuestro.

Romanos 8:35,38-39

Estas palabras son inmutables y son fuente de sabiduría. Cultivemos la paciencia y la capacidad de soportar en nuestra vida, seamos como la araña, que se mantiene firme y no se da por vencida. La Palabra de Dios nos advierte:

Mantengamos firme, sin fluctuar, la profesión de nuestra esperanza, porque fiel es el que prometió.

Hebreos 10:23

Esto nos muestra la importancia de "mantenerse firme" en la fe y no dejarla. Nunca te sueltes de la mano de Jesús, aférrate a ella como un niño que cruza la calle y sostiene con fuerza la mano de su madre. No importa lo que suceda, no la dejes ir, porque Él es nuestra Seguridad y Protección.

El Antiguo Testamento nos muestra un ejemplo de este tipo de dependencia. El autor describe a uno de los hombres valientes de David:

Después de éste, Eleazar hijo de Dodo, ahohíta, uno de los tres valientes que estaban con David cuando

desafiaron a los filisteos que se habían reunido allí
para la batalla, y se habían alejado los hombres de Is-
rael. Este se levantó e hirió a los filisteos hasta que su
mano se cansó, y quedó pegada su mano a la espada.
Aquel día Jehová dio una gran victoria, y se volvió
el pueblo en pos de él tan sólo para recoger el botín.
2 Samuel 23:9-10

Eleazar enfrentó al enemigo solo y peleó hasta que su
mano "quedó pegada... a la espada". En otras palabras,
peleó hasta que el mango de la espada se hundió en su
carne. Eleazar no soltó su espada hasta que el enemigo
estuvo completamente destruido y la batalla había llegado a su fin; no la soltó y no se dio por vencido hasta
ganar la victoria.

Sosténte con fuerza, sé constante y firme. Además, has
fielmente lo que Dios te ha encomendado. La victoria
está cerca:

Echa tu pan sobre las aguas; porque después de
muchos días lo hallarás.   Eclesiastés 11:1

No dejes de echar tu pan sobre las aguas, ya que la victoria está a la vuelta de la esquina; no te des por vencido
pronto, sino que camina pacientemente, confiando en el
Señor. Mantén tu visión, aférrate a tu objetivo.

Las arañas tienen problemas serios y frente a ellos parecen ser insignificantes. Sin embargo, siguen subiendo
hasta que se encuentran en la seguridad del palacio del
rey.

10

SUBE UN POCO MÁS

La araña... está en palacios de rey.
Proverbios 30:28

En el capítulo anterior vimos que la araña se aferra y que nosotros debemos soportar, perseverar y mostrar el fruto de la paciencia en nuestra vida. No debemos descorazonarnos sino perseverar en la fidelidad y en las buenas obras.

Sin embargo, debemos considerar la otra parte de este versículo, ya la consideramos brevemente, pero ahora la examinaremos a profundidad: "La araña... está en palacios de rey". ¿Qué importancia tiene esto para nosotros? Si vamos a aprender de la sabiduría de la araña, debemos examinar las lecciones que ella nos enseña.

Un palacio es un sitio alto e importante. Es un lugar de honor, realeza, dignidad, gloria y respeto; simboliza poder, autoridad, gobierno y dominio. Esta es la posición a la que la humilde araña sube.

Si estamos dispuestos a aprender de esta pequeña y aparentemente insignificante criatura, llegaremos a comprender que nosotros también tenemos un objetivo: como la araña, estamos llamados a llegar a una posición encumbrada. Dios no nos ha creado para permanecer en

141

el polvo, sino para vivir en lugares excelsos. Él no nos ha llamado a ser aplastados por Satanás, sino a subir a lugares más altos, de gloria, autoridad y honor.

No estamos sometidos a nuestras situaciones y circunstancias. Ellas no pueden controlarnos y no tienen poder sobre nosotros. En lugar de esto, podemos aprender a controlar nuestras situaciones.

Debemos rehusar someternos a cualquier situación o circunstancia negativa. No siempre podemos controlar lo que nos pasa, pero podemos controlar nuestra actitud. Lo más importante es que aun en las situaciones más negativas podemos aprender a subir cada vez más alto.

Hay un lugar seguro para nosotros en Dios, en este refugio, que sobrepasa a cualquier otro, está nuestra confianza. El salmista encontró su refugio en Dios, y sus palabras son todavía hoy un canto de alabanza y verdad:

> *Dios es nuestro amparo y fortaleza, nuestro pronto auxilio en las tribulaciones. Por tanto, no temeremos, aunque la tierra sea removida, y se traspasen los montes al corazón del mar; aunque bramen y se turben sus aguas, y tiemblen los montes a causa de su braveza.*   Salmos 46:1-3

Aunque la tierra tiemble violentamente y las montañas se traspasen al mar, aunque las aguas rujan y revienten en ensordecedor estruendo... aún en medio de esta "aflicción", Dios es nuestro Refugio. Podemos acudir a Él y encontrar un sitio seguro en el que podamos "estar quietos":

Estad quietos, y conoced que yo soy Dios; seré exal-
tado entre las naciones; enaltecido seré en la tierra.
Salmo 46:10

Otra traducción para esto sería: "deja de luchar y conoce", "Deja de luchar". Abandona la lucha y simplemente acude a tu lugar de refugio. Levántate por sobre las circunstancias, no dejes que ellas te consuman con sus preocupaciones y problemas. En lugar de esto renueva tu fuerza en el Señor:

Pero los que esperan a Jehová tendrán nuevas fuer-
zas; levantarán alas como las águilas; correrán, y no
se cansarán; caminarán, y no se fatigarán.
Isaías 40:31

Si te sientes derrotado, alza tus ojos y encontrarás un lugar de victoria al que puedes acudir. No estés satisfecho con permanecer en el lugar en donde estás, luchando contra las circunstancias difíciles. Después de todo, si te contentas con ser pobre, siempre seguirás siéndolo. Si te contentas con estar enfermo, puede que nunca mejores. ¿Pero por qué no subir un poco más? No estés satisfecho con mantener tus ojos en las circunstancias si la Palabra de Dios te ordena poner tus ojos en Él, que es nuestro Redentor.

Puestos los ojos en Jesús, el autor y consumador de
la fe, el cual por el gozo puesto delante de él sufrió
la cruz, menospreciando el oprobio, y se sentó a la
diestra del trono de Dios.   Hebreos 12:2

Fija tus ojos en Jesús y manténlos ahí. Mira a Aquel a quien tu espíritu ama; El te guiará a través de cualquier dificultad que pueda sobrevenirte y estará contigo en todas las dificultades, aún si no puedes sentir Su presencia. Habrá momentos en que parezca que Él no está junto a ti, pero Su amor por ti les dará alas a tus pies mientras corres en pos de Él en busca de seguridad.

No te aferres demasiado a tu nido actual, no insistas en quedarte cerca de tu vieja telaraña, Dios te ayudará a construir una nueva. Si Satanás trata de destruirte y las situaciones parecen demasiado difíciles de soportar, entonces ¿por qué te quedas en el polvo de esta tierra en donde tu vida corre peligro? ¿Por qué no mudarse a un lugar en donde puedas mantener la frente en alto sin miedo? Sube un poco más, tu lugar está en el palacio del rey, eres el hijo del Rey Celestial, el Poderoso Rey de reyes y Señor de señores.

Aparentemente las arañas tienen aspiraciones nobles; en otras palabras tienen un fuerte deseo de conseguir algo grande. ¿Y tú?

Algunas personas están satisfechas con pasar por la vida. Se sienten felices simplemente con sobrevivir cada día, pero Dios tiene algo mejor para nosotros. El pasar por la vida puede significar que a pesar de estar vivo, apenas sobrevives. Dios, sin embargo, quiere que tengas una "vida abundante", una vida de gozo, de realización, una vida victoriosa y llena de satisfacciones. Dios es todo lo que necesitas, Él es tu Jehová Jire, el Dios que suple todas tus necesidades; Él es El Shaday, el Dios de la abundancia. ¡No caminemos indiferentes por la vida ya que contamos con un Dios todopoderoso cuyo deseo para nosotros es que poseamos lo que Él tiene y todo lo que Él es!

La araña aspira llegar a lugares altos y es lo suficiente-mente sabia como para conseguirlo. Aun cuando teje su tela en un lugar, escudriña la tierra en busca de lugares más altos a los que en un futuro pueda mudarse.

Procura tener visión; si no sueñas en mejorar tu vida en el futuro y no tienes visión alguna de subir más alto en el Señor, entonces es mejor que te acostumbres al lugar en donde estás. Si no tienes visión ni objetivos, no con-seguirás nada; no irás a ninguna parte y pronto morirás.

Sin embargo, Dios tiene tanto más preparado para ti. No importa tu estado de crecimiento en el Señor, hay mucho más que debes conocer, experimentar, descubrir y ministrar a otros. Alza tus ojos y empieza a trepar a la gloria del palacio del Rey.

Tal vez ya eres una persona de visión ¿Qué estás ha-ciendo para conseguir que ese sueño se haga realidad? ¿Estás escudriñando los lugares más altos? ¿Estás buscan-do maneras de mejorar tu situación? ¿Estás preparándote para escalar las alturas? ¿Estás participando en la carrera? ¿Estás adelantando? ¿Deseas más de Dios?

Tal vez algunos crean que tu sueño es "el sueño impo-sible", para ellos tal vez lo sea; pero para aquellos que amamos al Señor no hay sueño que sea imposible; nuestro sueño es el sueño alcanzable y lo podemos hacer realidad por medio de Cristo:

Todo lo puedo en Cristo que me fortalece.
Filipenses 4:13

Jesús le dijo: Si puedes creer, al que cree todo le es posible. Marcos 9:23

Puedes conseguir grandes cosas en el Señor, sube hacia Su gloria. Múdate a un lugar donde nada molesta ni daña, donde nadie puede robarte las bendiciones de Dios: múdate arriba. ¿Qué es lo que te retiene? No importa lo que sea, puedes sobreponerte a ello, con el poder del Espíritu Santo.

Sueña y no dejes de hacerlo. Sueña sin sentir vergüenza y mantén vivo tu sueño.

Los sueños parecen ser tan frágiles, se pueden romper fácilmente si no se los guarda con cuidado. Las palabras que los amigos dicen sin mucho cuidado, las dudas que tenemos acerca de nosotros mismos y que nos carcomen, la burla de los enemigos... todas estas cosas son enemigos de los sueños. Si un sueño no es alimentado, muere. Cultiva y alimenta los sueños que Dios te ha dado, cuídalos sabiamente y busca la manera en que puedan hacerse realidad. Pon tu vida en acción y encuentra tu realización en Dios.

Las telarañas también son frágiles, parecen tan delicadas, tan fáciles de destruir y aun así están construidas con una de las substancias más fuertes que se conocen.

¿Tienes algo por lo que valga la pena luchar? Creo que sí: Tienes tu fe en el Señor Jesús, tienes tus sueños, una visión, los objetivos que El te ha dado. Además, tienes, un lugar especial que solo tú puedes ocupar en tu iglesia local, en tu comunidad ayudando a guiar a la gente al Reino de Dios. Sí, tienes algo por qué luchar. Nunca te des por vencido, nunca voltees, nunca abandones tus sueños. Sigue luchando y esforzándote, no dejes de correr la carrera y espera ver la meta en donde recibirás la corona de victoria. Recuerda, el palacio del Rey espera por ti. Jesús dijo:

No se turbe vuestro corazón; creéis en Dios, creed
también en mí. En la casa de mi Padre muchas mo-
radas hay; si así no fuera, yo os lo hubiera dicho; voy,
pues, a preparar lugar para vosotros. Y si me fuere y
os preparare lugar, vendré otra vez, y os tomaré a mí
mismo, para que donde yo estoy, vosotros también
estéis.   Juan 14:1-3

Sube un poco más, Dios tiene algo más para ti. El propósito que Él tiene para ti no es que te quedes atascado en
las dificultades y en las dudas, Él anhela que le extiendas
tu mano así como Él te la extiende. Así que sigue adelante
con tu mente y pensamientos fijos en Él. Sé un hombre o
una mujer centrada en la Palabra, sé fiel en la oración y
ten confianza en tu fe y en el poder de Dios.

Claro que seguirá habiendo problemas, Dios nunca
prometió que escaparíamos de las dificultades de la vida,
de hecho, Cristo ha prometido exactamente lo opuesto:
"tendremos aflicción"; pero veamos que dice la segunda
parte de la promesa:

Estas cosas os he hablado para que en mí tengáis
paz. En el mundo tendréis aflicción; pero confiad,
yo he vencido al mundo.   Juan 16:33

La vida no será más fácil, sólo porque le hemos entregado nuestra vida al Señor; ¡si no hubiera problemas que
vencer no seríamos vencedores!

Si estás pensando en darte por vencido, piensa en la
araña: Ella trabaja para obtener un sitio en un palacio
terrenal, que en última instancia se derrumbará, pero

nosotros trabajamos por una recompensa eterna. El palacio que buscamos nunca se destruirá, no está hecho de madera fina o de mármol; la ciudad en la que algún día moraremos es una ciudad "cuyo arquitecto y constructor es Dios".

Podemos seguir subiendo cada vez más mientras vivamos aquí en la tierra. Nuestros problemas y pruebas pueden ser escalones que nos sirvan para subir cada vez más alto.

Un día daremos el paso más importante: la trompeta sonará y nos mudaremos permanentemente a la presencia de Dios. Por ahora, podemos seguir subiendo; acercándonos cada vez más a la meta.

Así que no te des por vencido ahora, has venido demasiado lejos como para dar media vuelta. Estas más cerca que nunca a la meta. Continúa subiendo pues la meta está a la vista y pronto le oirás decir: "Bien, buen siervo y fiel; entra en el gozo de tu Señor".

¿Sabías que Dios tiene también sus objetivos, cosas que quiere conseguir en tu vida? Pues los tiene, y está trabajando para hacerlos realidad en ti.

> *Estando persuadido de esto, que el que comenzó en vosotros la buena obra, la perfeccionará hasta el día de Jesucristo.*   Filipenses 1:6

Dios no cesará de trabajar hasta que te haya perfeccionado y conseguido Su propósito en tu vida. No obstaculices el trabajo que Dios hace en ti, no te sientas satisfecho con menos de lo que tiene preparado para ti. Muéstrate dispuesto a seguirlo y a ser levantado cada vez más alto.

Al cambiar su tela de sitio, la araña, no solamente cambia su lugar de trabajo, no permanece en ella solamente durante las horas laborables para luego regresar a casa; cuando ella cambia su red, también muda su casa.

Cuando subimos un escalón más en el Reino de Dios, no implica que estaremos ahí solamente el domingo por la mañana o durante las reuniones de la iglesia que se ofrecen entre semana, en otras palabras, subir un poco más es experimentar más la presencia de Dios en nuestra vida y servirlo. Este nuevo escalón se transforma en nuestro hogar, vivimos ahí y permanecemos en él continuamente, por lo menos hasta que subamos el siguiente escalón que el Señor nos muestre:

> *Por tanto, nosotros todos, mirando a cara descubierta como es un espejo la gloria del Señor, somos transformados de gloria en gloria en la misma imagen, como por el Espíritu del Señor.*
>
> 2 Corintios 3:18

Adéntrate en las cosas de Dios y sé cambiado "de gloria en gloria" a la imagen de Su Hijo Jesucristo.

Algo de este cambio se dará a través de pruebas, pero podemos tener ánimo y aliento permitiendo que las escrituras echen raíces en nuestro corazón:

> *Por tanto, no desmayamos; antes aunque este nuestro hombre exterior se va desgastando, el interior no obstante se renueva de día en día. Porque esta leve tribulación momentánea produce en nosotros un cada vez más excelente y eterno peso de gloria; no*

mirando nosotros las cosas que se ven, sino las que
no se ven; pues las cosas que se ven son temporales,
pero las que no se ven son eternas.

2 Corintios 4:16-18

¡Qué mensaje tan hermoso nos da el Señor! Aunque atravesemos pruebas o sufrimientos y aunque externamente nos debilitemos, nuestro hombre interior se "renueva de día en día". Y las cosas que sufrimos ahora, son "momentáneas", son temporales aunque a veces parezca que nunca terminarán. Sin embargo, éstas suceden para nuestro beneficio, ya que producen en nosotros "un cada vez más excelente y eterno peso de gloria".

Cuando estés a punto de darte por vencido debido a tu sufrimiento, piensa en la gloria que te espera, piensa en la sonrisa del Señor que espera por ti en la gloria.

Sube un poco más mi amigo, pon tus ojos en el Señor y levántate por sobre todas aquellas cosas que te arrastrarían hacia abajo. Sube un poco más al lugar de refugio, al lugar seguro.

Sube un poco más, aprende de la sabiduría de la araña.

VIVE LA VIDA VICTORIOSA

11

¿TIENES PROBLEMAS QUE PARECEN IMPOSIBLES DE ENFRENTAR?

Y [Goliat] se detuvo y dio voces a los escuadrones de Israel... Y David era el menor.

1 Samuel 17:8 y 14

Al igual que las cuatro pequeñas criaturas que hemos observado, a veces nos sentimos pequeños e insignificantes. A veces es difícil ser como la araña, superando nuestras dificultades para encontrar la paz en Dios. A veces es difícil prepararse para los días venideros como lo hace la hormiga. Ya tenemos suficientes problemas para sobrellevar el día de hoy. Y a veces parece que nunca estaremos en sintonía con los que nos rodean. No podemos ser langostas, porque estamos demasiado ocupados dando tropiezos para avanzar al ritmo correcto.

A veces, la única de estas criaturas con la que nos podemos identificar es el conejo — la criatura que conoce su propia debilidad.

A veces solemos sentir que no podemos lograr lo que Dios nos ha pedido que hagamos, y siempre solemos creer que los demás están mucho más capacitados para hacer las cosas que Dios nos ha pedido.

A veces es fácil sentirse insignificante. "Después de todo", podrías decir, "sólo soy una ama de casa". "Sólo soy una maestra de escuela dominical". "Sólo soy un mecánico". Pero, ¿cómo sabes en qué modo Dios usará tus habilidades mecánicas, o cómo atenderás al próximo cliente que entre a tu negocio? ¿Cómo sabes lo que Dios hará con las vidas de tus hijos? ¿Puedes imaginar las maneras en que Él desea usar tu casa como lugar de difusión y ministerio? ¿Percibes realmente lo que Dios hará en las vidas de aquellos a quienes estás enseñando o capacitando?

La Biblia cuenta la historia de un joven a quien los demás consideraban insignificante. Sus propios hermanos lo menospreciaban. Incluso su padre se olvidó de llamarlo cuando se le pidió que presentara a sus hijos ante el profeta. No parecía ser importante, pero Dios no estaba de acuerdo con esta opinión.

David era un pastor que cuidaba los rebaños de su padre. Era "solamente" David, "solamente" el pastor, "solamente" el menor de sus hijos. No era importante, no era nada especial.

Un día David fue enviado por su padre para llevar recados y comida a sus hermanos, que estaban en el ejército de Saúl, rey de Israel. Allí vio a un gigante que desafiaba al pueblo de Dios:

> *Y se paró y dio voces a los escuadrones de Israel, diciéndoles: ¿Para qué os habéis puesto en orden de batalla? ¿No soy yo el filisteo, y vosotros los siervos*

de Saúl? Escoged de entre vosotros un hombre que
venga contra mí. Si él pudiere pelear conmigo, y me
venciere, nosotros seremos vuestros siervos; y si yo
pudiere más que él, y lo venciere, vosotros seréis
nuestros siervos y nos serviréis. Y añadió el filisteo:
Hoy yo he desafiado al campamento de Israel; dadme
un hombre que pelee conmigo. 1 Samuel 17:8-10

Goliat no veía la necesidad de que los dos ejércitos se enfrentaran. Todo lo que Israel necesitaba hacer era encontrar un luchador que se enfrentara a él. Pero Goliat era... ¡Goliat! Era el campeón, el gigante, un luchador entrenado y experimentado. Según alcanzaba a divisar, no tenía motivos de preocupación.

Los guerreros del ejército de Saúl estaban aterrorizados por el hombre. Temblaban de miedo ante el desafío. Goliat medía más de nueve pies de altura. Su aspecto era imponente, por decir lo menos. Todos tenían miedo de enfrentarlo. Los mejores guerreros de Saúl decían: "Este gigante es demasiado grande y demasiado poderoso para enfrentarlo. Comparados con él, no somos nada".

Entonces llegó David, el joven pastor, cuya vida consistía en tocar su arpa y cuidar las ovejas de su padre. Había llegado llevando el recado de su padre de encontrarse con sus hermanos y ver cómo iba la batalla. El problema era que no había ninguna batalla. Sólo había el desafío del gigante.

Cuando David escuchó el desafío del filisteo, se enojó mucho. Tuvo una perspectiva algo diferente a la del acobardado ejército de Saúl. No se fijó en su propia insignificancia. En cambio, miró a su Dios. Y David dijo:

"Iré y me enfrentaré a este filisteo incircunciso. ¿Quién se cree que es? Comparado con el grande y poderoso Dios de Israel, no es nada".

¡No es nada! ¿Qué es lo que hay en tu vida que te parece tan difícil de afrontar? ¿Hay un Goliat acechando en algún lugar, amenazando con conquistarte? Tal vez miras a esa cosa y dices: "¡Oh, es demasiado grande para enfrentarla! ¡No puedo lidiar con esto! ¡No puedo caminar en victoria en esta circunstancia!" Bueno, aprende de David. No te fijes en tu aparente insignificancia y en tu falta de habilidad. Acude a la habilidad de Dios. Y no te dejes desviar por aquellos que te señalan tu carencia. Para David, fueron sus hermanos los que trataron de ayudarlo a ver que no podría enfrentar al gigante:

> *Entonces habló David a los que estaban junto a él, diciendo: ¿Qué harán al hombre que venciere a este filisteo, y quitare el oprobio de Israel? Porque ¿quién es este filisteo incircunciso, para que provoque a los escuadrones del Dios viviente? Y el pueblo le respondió las mismas palabras, diciendo: Así se hará al hombre que le venciere. Y oyéndole hablar Eliab su hermano mayor con aquellos hombres, se encendió en ira contra David y dijo: ¿Para qué has descendido acá? ¿Y a quién has dejado aquellas pocas ovejas en el desierto? Yo conozco tu soberbia y la malicia de tu corazón, que para ver la batalla has venido.*
>
> 1 Samuel 17:26-28

Los hermanos de David le dijeron: "Vete a casa. Eres demasiado orgulloso. Siempre quieres presumir. Vuelve y cuida de las ovejas de nuestro padre. No hay nada que puedas hacer aquí. ¿No ves que es un gigante? ¿No te das cuenta de que es demasiado grande para enfrentarlo?".

David dijo: "Puedo enfrentarme a este gigante. ¿Qué es él? Es sólo un filisteo incircunciso que se burla de los ejércitos del Dios Viviente"

El joven fue llevado ante el Rey Saúl. No era la primera vez que Saúl se encontraba con David. El rey ya lo conocía, porque había sido convocado como músico para calmar a Saúl cuando su espíritu estaba turbado. Vino muy recomendado:

> *Y respondió uno de los mancebos y dijo: He aquí, he visto a un hijo de Isaí, el de Belén, que sabe tocar, es poderoso y valiente, un hombre de guerra, prudente en su hablar, hombre bien parecido y el Señor está con él.*   1 Samuel 16:18

A Saúl le gusto lo que observó en el joven David:

Cuando David llegó, se presentó ante el rey; y en cuanto Saúl lo vio, quedó tan complacido que lo hizo su escudero. Luego, Saúl mandó que le dijeran a Isaí: Te ruego que le permitas a tu hijo quedarse conmigo, pues se ha ganado mi estimación. 1 Samuel 16:21-22

Saúl probablemente creyó que estaba haciendo lo mejor para David cuando trató de influenciarlo para que no se enfrentara a Goliat. Pero David preguntó: "¿Hay alguien aquí entre ustedes que quiera ir?" Por supuesto que nadie quería ir, ya que todos los soldados habían estado huyendo atemorizados durante los últimos cuarenta días. Así que de nuevo David decidió enfrentarse a lo inafrontable, mirando al gigante sin estremecerse.

David hizo algunas comparaciones más, pero de nuevo no se fijó en su aparente insignificancia, sino que recordó las bestias salvajes que había matado mientras cuidaba los rebaños de su padre. David le dijo a Saúl:

> *Tu siervo ha matado tanto al león como al oso; y este filisteo incircunciso será como uno de ellos, porque ha desafiado a los escuadrones del Dios viviente. Y David añadió: El Señor que me ha librado de las garras del león y de las garras del oso, me librará de la mano de este filisteo. Y Saúl dijo a David: Ve, y que el Señor sea contigo.*   1 Samuel 17:36-37

Saúl trató de preparar a David para que se enfrentara al gigante prestándole su propia armadura. David se la probó, pero era demasiado grande y pesada para que la llevara. ¿Cómo podía luchar cuando apenas podía moverse? La armadura que podía proteger a Saúl cuando iba a la batalla no podía hacer nada por David, porque no se ajustaba a su situación.

Cuando seas llamado a la lucha, cuando debas enfrentarte a algo que parece demasiado terrible de enfrentar, no es el momento de aceptar la armadura de otra persona. Gente bien intencionada puede tratar de presionar su armadura sobre ti, pensando que ello te ayudará. Pero, como David, debes confiar en las defensas que el Señor te ha dado. Debes recordar las batallas que Él ya te ha ayudado a ganar. Lo más importante es que debes mirar a tu Dios y saber que Él puede enfrentar cualquier desafío en tu vida. No son las armas del hombre las que te ayudarán, sino el poder del Espíritu de Dios.

Así que David se quitó toda la armadura del rey. Sabía que no podría conseguir la victoria si confiaba en "el brazo de la carne". Y mientras tanto, todos a su alrededor decían: "¡Pero, David, míralo! ¡Ese gigante Goliat es demasiado grande para enfrentarlo! Te matará, y todos seremos esclavos. ¡Es demasiado grande!".

Piensa en tu mayor problema, tu mayor miedo. Piensa en cómo te inmoviliza mientras parece crecer para bloquear todas las demás preocupaciones. Tal vez te has negado a enfrentar el problema, dejándolo para más tarde. Pero parece que nunca se va, sólo crece. Ahora, piensa en la actitud de David.

David miró a su alrededor a toda la gente que trataba de desanimarlo. Miró a Goliat. Miró hacia atrás a sus victorias pasadas. Y miró a su Dios. Y David proclamó audazmente, "¡No! ¡Este gigante no es demasiado grande para enfrentarlo! Eso no es lo que veo. Mira otra vez. ¡Es demasiado grande como para fallar! En el nombre del Señor, lo destruiré. Este gigante es demasiado grande como para fallar".

Dios es más grande que todos nuestros problemas, que todas nuestras preocupaciones, que todas nuestras necesidades. Nuestro Dios es más grande que todas las cosas que nos rodean y que amenazan con desbordarnos. El nuestro es el Dios de lo imposible. Es el Dios de lo sobrenatural. Él es capaz de hacer "mucho más que todo lo que pedimos o pensamos, según el poder que actúa en nosotros".

Debemos empezar a pasar de nuestra autoconciencia natural a una conciencia espiritual en Dios. Debemos empezar a vernos a nosotros mismos de la manera en que Dios nos ve, la manera en que debemos estar de acuerdo con Su Palabra. Y debemos salir de nuestros miedos, de nuestra incredulidad y de nuestro desánimo, entrando en las cosas sobrenaturales de Dios. Debemos empezar a ver las cosas como lo hizo David si queremos convertirnos en exterminadores de gigantes. No debemos compararnos con el enemigo.

Entonces David, habiéndose quitado la armadura de Saúl, habiendo dejado de lado lo que el hombre pensaba que sería mejor, tomó su honda. Bajó a un arroyo para escoger cinco piedras pequeñas y lisas. Parecían bastante insignificantes. Pero con ellas salió a enfrentarse al gigante.

David parecía tan insignificante que Goliat se sintió insultado cuando el muchacho fue enviado a pelear contra él. "¿Soy acaso un *perro* —le rugió a *David*— para que vengas contra mí con un *palo*?". Goliat maldijo a David en nombre de sus dioses. Se burló de David, pero el pastor volvió la burla a la cabeza del gigante. David proclamó el nombre de su Dios, para que todos supieran de quién era realmente la victoria:

> *Entonces dijo David al filisteo: Tú vienes a mí con espada y lanza y jabalina; mas yo vengo a ti en el nombre del Señor de los ejércitos, el Dios de los ejércitos de Israel, a quien tú has desafiado. Hoy mismo el Señor te entregará en mis manos… y todo el mundo sabrá que hay un Dios en Israel. Todos los que están aquí reconocerán que el Señor salva sin*

necesidad de espada ni de lanza, porque del Señor
es la batalla y él os entregará en nuestras manos.

1 Samuel 17:45-47

Cuando Goliat se acercó a él, David estaba listo. Tomó una piedra de su bolsa de cuero, la puso en la honda y comenzó a balancearla. No se dejó intimidar por el gigante, ni se consideró insignificante ante su enemigo. No consideró la posibilidad de un fracaso. Este filisteo se había burlado de los ejércitos del Dios viviente. Se había puesto en contra del Dios Todopoderoso. Entonces, ¿cómo podía David quedarse al margen y permitirle continuar? ¡No! Había que ocuparse de él. Y, como no se podía encontrar a nadie más para hacerlo, David lo haría.

Goliat estaba a punto de aprender una dura lección: con Dios no hay gente insignificante y en Dios no hay imposibilidad.

Cuando Goliat se acercó a David, el joven corrió hacia él, blandiendo su arma. La piedra voló, y el gigante cayó.

El ejército de Saúl enloqueció de alegría. David había obtenido la victoria para toda la nación con una pequeña y aparentemente insignificante piedra. Se había convertido en un arma poderosa. Una pequeña piedra liberada en la mano de Dios era poderosa para cumplir un propósito divino.

Enfrenta tu situación. Mira ese problema que te tiene acobardado por el miedo y la preocupación. Entonces mira a tu Dios. Mueve tu honda de fe, y dile a tu problema, "No eres demasiado grande para enfrentarte. Eres demasiado grande como para fallar. Y en el nombre del

Señor Jesucristo, ¡te destruiré!". Entonces, en el Espíritu del Señor, hazlo.

A medida que lo hagas, verás el poder de Dios trabajando en tu vida. Cuando comienzas a dar pasos de fe, te mueves de lo natural a lo sobrenatural. Entonces las cosas empiezan a suceder en lo celestial. Si pones todas tus debilidades, todas tus incapacidades, todas tus carencias en la mano de Dios, Él puede cambiar tu situación en un instante.

Y cuando eso sucede, de repente cobras importancia ante los ojos de los que te rodean. De repente se dan cuenta de lo que Dios siempre supo: que eres importante en el Reino de Dios, y que puedes marcar la diferencia. Empiezan a ver el poder de Dios trabajando en tu vida, tal como tú has empezado a verlo. ¿Eres glorificado como resultado? ¡No! Dios es glorificado por lo que Él puede hacer con la vida de una persona.

Nunca te menosprecies ni subestimes lo que puedes hacer en Dios. Dios ama tomar las cosas pequeñas, las personas aparentemente sin importancia y usarlas para Su gloria. Pablo escribió sobre esto:

> *Porque lo insensato de Dios es más sabio que los hombres, y lo débil de Dios es más fuerte que los hombres. Consideren, hermanos, su llamamiento: No muchos de ustedes son sabios, según los criterios humanos, ni son muchos los poderosos, ni muchos los nobles; sino que Dios eligió lo necio del mundo, para avergonzar a los sabios; y lo débil del mundo, para avergonzar a lo fuerte. También Dios escogió lo vil del mundo y lo menospreciado, y lo que no*

es, para deshacer lo que es, a fin de que nadie pueda
jactarse en Su presencia.   1 Corintios 1:25-29

Cuando se logra algo que sabemos que no podríamos hacer por nuestra cuenta, le damos la gloria a Dios. Le atribuimos todo el éxito a Él. Toda la gloria es Suya. Así es como debemos vivir nuestras vidas: trayendo la gloria de Dios, reconociendo Su trabajo a través de nosotros. Pero no podemos hacerlo cuando estamos paralizados por el miedo, escondiéndonos detrás del sentido común que nos dice que no podemos movernos en las cosas de Dios.

A veces es difícil empezar a hacer lo que Dios nos dice que hagamos, ya sea predicar, evangelizar a los perdidos o simplemente hacer de la nuestra una casa de hospitalidad a donde otros puedan llegar libremente para el ministerio y la curación. Pero debemos ser fieles si queremos cumplir el propósito y el destino que Dios ha establecido en nuestras vidas. A veces necesitamos renovar nuestras mentes a través de las promesas de Dios:

Si puedes creer, al que cree todo le es posible.
Marcos 9:23

Mayor es Él que está en vosotros, que el que está en
el mundo.   1 Juan 4:4

Si Dios es por nosotros, ¿quién contra nosotros?
Romanos 8:31

No por el poder ni por la fuerza, sino por mi Espí-
ritu, dice el Señor de los ejércitos.   Zacarías 4:6

Porque todos los que habéis sido bautizados en Cristo, de Cristo estáis revestidos. Gálatas 3:27

Ninguna arma forjada contra ti prosperará, y condenarás toda lengua que se levante contra ti en juicio. Esta es la herencia de los siervos del Señor, y su salvación de mí vendrá, dijo el Señor. Isaías 54:17

Porque las armas de nuestra milicia no son carnales, sino poderosas en Dios para la destrucción de fortalezas. 2 Corintios 10:4

He aquí os doy potestad de hollar serpientes y escorpiones, y sobre toda fuerza del enemigo, y nada os dañará. Lucas 10:19

Si aceptas estas promesas de Dios y empiezas a actuar en ellas, se te abrirá un mundo completamente nuevo. A medida que aceptes lo que Dios tiene que decir, puedes empezar a verte a ti mismo como Dios te ve, como Su Palabra te describe. Trabaja hacia la meta de convertirte en lo que Dios ha diseñado que seas.

Cualquiera que sea el obstáculo para cumplir tu propósito en Dios, cualquiera que sea el problema, Dios es más grande. Pon tu vida en las manos del Señor. Deja que Él te llene con Su poder y Su unción. Permítele liberarte para que te muevas y fluyas en el poder de Dios. Y nunca serás el mismo.

No te limites porque tu Dios es ilimitado.

Cualquiera que sea el problema, no es demasiado grande para enfrentarlo. Es demasiado grande como para fallar.

12

YA NO ERES INSIGNIFICANTE

Pero nosotros predicamos a Cristo crucificado, para los judíos ciertamente tropezadero y para los gentiles locura; mas para los llamados, tanto judíos como griegos, Cristo es poder de Dios, y sabiduría de Dios. Porque lo insensato de Dios es más sabio que los hombres, y lo débil de Dios es más fuerte que los hombres. Consideren, hermanos, su llamamiento: No muchos de ustedes son sabios, según los criterios humanos, ni son muchos los poderosos, ni muchos los nobles; sino que Dios eligió lo necio del mundo, para avergonzar a los sabios; y lo débil del mundo, para avergonzar a lo fuerte. También Dios escogió lo vil del mundo y lo menospreciado, y lo que no es, para deshacer lo que es, a fin de que nadie pueda jactarse en Su presencia. 1 Corintios 1:23-29

La hormiga, el conejo, la langosta, la araña... sí, Dios ha elegido "lo necio del mundo" para instruirnos. Estas son cuatro pequeñas criaturas y muchos dirían que no son importantes. Pero como hemos visto, pueden ser pequeñas, pero también son sabias.

Dado que la Biblia nos da como ejemplo a estas cuatro criaturas aparentemente insignificantes, queremos adoptar la sabiduría y los principios que vemos en ellas. Si las despreciamos, nos mostraremos tontos. Si las consideramos cuidadosamente, tomando en serio sus lecciones, podemos volvernos sabios.

Damos por sentado muchas cosas comunes y corrientes, considerándolas de poco valor. Pero sería muy ventajoso tomar en consideración algunas de las cosas aparentemente comunes y corrientes de nuestras vidas. Escucha lo que el Espíritu del Señor está diciendo a través de las cosas cotidianas, aparentemente pequeñas, de tu vida.

La Biblia nos muestra que Dios habla a través de lo mundano. Cristo habló de la hierba, las flores, los pájaros, y de tareas tan simples y comunes como hacer pan o sembrar semillas. El Espíritu del Señor habló a Jeremías mientras este observaba una vasija de arcilla que tomaba forma en el torno del alfarero, e incluso a través de un nuevo cinturón.

Así que permítete escuchar al Señor hablando a tu corazón. Pregúntale qué te diría. Afina tus oídos espirituales para escuchar Su voz. Y luego presta atención a lo que escuchas.

Inspírate en estas cuatro criaturas. Acepta el desafío. Atrévete a aplicar la sabiduría que las ha hecho grandes a los ojos de Dios.

Aprende de la hormiga.

Aprende del conejo.

Aprende de la langosta.

Y aprende la sabiduría de la araña.

Aunque todas son débiles, tienen mucho que enseñarnos.

Si eres impotente, eso no es un problema. Dios te dará Su poder. Si no eres instruido, eso no es un problema. Dios te ayudará a aprender.

Estoy seguro de que no he logrado todo lo que Dios tiene para yo haga. Sé que tengo un largo camino por recorrer, pero también sé que ya he recorrido un largo camino y que Dios ha hecho grandes cosas en mi vida. No estoy satisfecho; tengo el deseo de hacer cosas más grandes para Dios.

Alégrate de ser quien Dios creó para que seas. No te menosprecies.

Una vez estaba tratando de cambiar una bombilla en mi casa. La habitación donde había que cambiar la bombilla tiene un techo alto, y yo no soy muy alto. Como no tenía escalera, conseguí una silla. Pero cuando me paré sobre la silla, todavía no podía alcanzar la lámpara. Puse un diccionario en la silla y lo intenté de nuevo, pero aun así no pude alcanzarla. Agregué la guía telefónica, pero aun así yo seguía siendo demasiado bajo.

¡En ese momento me estaba sintiendo frustrado! Estaba tan disgustado conmigo mismo que dije, "Oh, ¿por qué Dios me creó para ser tan bajo? Si fuera solo un poco más alto, no me frustraría tratando de cambiar esta bombilla. Sería algo sencillo".

Entonces el Espíritu Santo comenzó a hablar en mi corazón, diciendo: "Soy feliz contigo tal y como eres. Me regocijo y me deleito en ti".

Y el Señor te dice lo mismo hoy. Él se regocija y se deleita en ti tal como eres. Dios te ha creado como Él consideró adecuado. Disfruta de Su regalo para ti, aprécialo, dale la bienvenida. Dios nos ha creado a cada uno de nosotros de manera diferente para que podamos complementarnos unos a otros en Su Reino.

Dios tiene un trabajo diseñado sólo para ti. Y cualquiera que sea ese trabajo, Él te ha creado de tal manera que puedes hacerlo. Él te dará los talentos y dones que necesitas. Te dará la habilidad, el poder y la energía creativa que necesitas para cumplir con Su llamado en tu vida. ¡Él es Dios! Él sabe lo que necesitas para ser capaz de obedecer Su palabra. Pero ten la certeza de que lo sabes: Dios tiene un propósito para ti.

No importa quién seas, no importa cómo pienses de ti mismo o lo que piensen de ti los que te rodean, Dios te creó con un propósito específico. Y ese propósito es mucho más importante de lo que puedas imaginar.

¿Cómo te ves a ti mismo? ¿Quién eres en Dios? ¿Qué quieres hacer en Su Reino? Mucho de lo que haces en el Reino depende de ti. Depende de tu nivel de compromiso. Depende de tu voluntad de entregar tu vida a Cristo. Depende de que vivas tu vida de una manera sagrada y piadosa, reconociéndolo como tu Señor.

Dios tiene un propósito para ti. El diablo hará todo lo posible para evitar que lo cumplas. Pero puedes ser lo que quieras ser si determinas en tu corazón ser lo que Dios se ha propuesto que seas.

¿Cómo puedes hacer esto? Deja que Dios sea Dios en ti. Deja que Su vida fluya a través de ti, y hacia los demás mientras ministras. Puedes ser lo que Dios quiere que seas si permites que Dios sea lo que Él quiere ser en tu vida. Cuando Le permitas ser Dios en tu vida, y que se exprese sobrenaturalmente a través de ti, entonces serás transformado, en Dios, de una persona ordinaria a una extraordinaria.

Deberíamos vivir de tal manera que complaciéramos a Dios, dándole honor y gloria. Nuestras vidas deberían manifestar la vida de Cristo dentro de nosotros, glorificándolo. A medida que nuestras vidas se conviertan en reflejos de Su vida, encontraremos nuestro propósito.

Así que aprende la sabiduría de estas insignificantes criaturas. Mira al Señor para encontrar tu propósito en la vida. Y permítele cumplir ese propósito en ti.

No importa cuán insignificante parezcas a los demás, Dios quiere hacerte Su morada, para que brille en ti Su gloria. Entonces, cuando el Creador del Universo, el Dios de toda la creación, pueda manifestarse a través de ti, y el Dios de lo imposible, el que mantiene este mundo unido, habite en ti, puedes imaginar lo que se puede lograr. Por lo tanto, deja ir y deja que Dios haga de ti lo que quiere que seas.

Dios nos creó a Su imagen y semejanza. Todo lo que Él es está en nosotros. Despliega ese poder y encontrarás tu verdadero propósito—en Él.

¡Amén!

Cuatro cosas son de las más
Pequeñas de la tierra,
Y las mismas son más sabias que
los sabios:
Las hormigas, pueblo no fuerte,
Y en el verano preparan su comida;
Los conejos, pueblo nada esforzado[1],
Y ponen su casa en la piedra;
Las langostas, que no tienen rey,
Y salen todas por cuadrillas;
La araña que atrapas con la mano,
Y está en palacios de rey.

Proverbios 30:24-28

[1] Aquí «nada esforzado» quiere decir «débil».